Fabian Kaiser, Roman Simschek

PRINCE2
Die Erfolgsmethode einfach erklärt

Fabian Kaiser
Roman Simschek

PRINCE2
Die Erfolgsmethode einfach erklärt
Version 2017 / 6. Generation

3., überarbeitete und erweiterte Auflage

UVK Verlag · München

Roman Simschek und **Fabian Kaiser** sind die Gründer und Inhaber der Agile Heroes GmbH, einer der führenden Beratungen und Trainingsunternehmen zum Thema Agilität. Sie beraten und trainieren in Deutschland, Österreich und der Schweiz namhafte Unternehmen und helfen ihnen dabei, Agile Transformationen erfolgreich durchzuführen, die Mitarbeiter dafür zu entwickeln und zu trainieren und Projekte mit Agilität zum Erfolg zu führen.

Bibliografische Information der Deutschen Nationabibliothek

Die Deutsche Nationalbibliothek verzeichnet diese Publikation in der Deutschen Nationalbibliografie; detaillierte bibliografische Daten sind im Internet über http://dnb.dnb.de abrufbar.

© UVK Verlag 2020
 – ein Unternehmen der Narr Francke Attempto Verlag GmbH + Co. KG,
   Dischingerweg 5, D-72070 Tübingen

Das Werk einschließlich aller seiner Teile ist urheberrechtlich geschützt. Jede Verwertung außerhalb der engen Grenzen des Urheberrechtsgesetzes ist ohne Zustimmung des Verlages unzulässig und strafbar. Das gilt insbesondere für Vervielfältigungen, Übersetzungen, Mikroverfilmungen und die Einspeicherung und Verarbeitung in elektronischen Systemen.

Internet: www.narr.de
eMail: info@narr.de

Druck und Bindung: CPI books GmbH, Leck

ISBN 978-3-7398-3058-2 (Print)
ISBN 978-3-7398-8058-7 (ePDF)
ISBN 978-3-7398-0207-7 (ePub)

Politisch korrekte Ausdrucksweise

Um den Lesern dieses Werkes eine bessere Lesbarkeit zur Verfügung zu stellen, wurde auf die politisch korrekte Ausdrucksweise in Form von Ansprachen und Titelbennungen für Frauen & Männer verzichtet.

Vorwort

Die Olympiade 2012 in London ging als nahezu perfekt gemanagte Großveranstaltung in die Geschichte der Olympischen Spiele ein. Bei einem Budget von 9,3 Milliarden Pfund und Tausenden Mitarbeitern ging die eigens dafür gegründete Organisation rund sieben Jahre vor Beginn der Spiele an die Arbeit. Im März 2012, rund vier Monate vor Beginn, kam das offizielle Olympische Komitee bei dem abschließenden Besuch zum Schluss: „London ist bereit, diesen Sommer die Welt zu empfangen."[1]

Was war das Geheimnis hinter dem Projekterfolg aus London? War der Projektleiter einfach ein Profi? Ein Naturtalent? Sind die Briten von Natur aus bessere Projektmanager als der Rest der Welt? Welche Tricks und Kniffe hatten sie auf Lager?

Die Antwort lautet: PRINCE2, die weltweit erfolgreichste Best Practice-Methodik, geformt aus rund 30 Jahren Projektmanagement-Erfahrung. Die Olympiade wurde tatsächlich auf Basis dieser weltweit bekannten Methodik zum Erfolg gemanagt.

Ok. Natürlich werden auch die Mitarbeiter die besten Projektmanager des ganzen Vereinigten Königreichs gewesen sein, dennoch: alleine die Methodik hinter den Individuen kann für den Erfolg oder Misserfolg ganzer Projekte verantwortlich sein.

Dieses Buch erklärt das Phänomen PRINCE2. Anhand von einfachen Beispielen aus unserem Beispielprojekt – Olympia – werden wir die Methodik Schritt für Schritt aufeinander aufbauen. Ende dieses Buches wirst Du in der Lage sein, in PRINCE2-Projekten erfolgreich mitarbeiten zu können.

Die PRINCE2-Methodik als solche besteht aus einem Vorgehensmodell von 377 Seiten Umfang. Seiten, die als Handbuch absolut notwendig sind, um in gewissen Projektsituationen sich einfach das richtige Toolset zu „ziehen" und nachzulesen. Im Projektalltag eines Projektmanagers absolut notwendig.

Wir sind mit einem etwas anderen Anspruch an dieses Buch herangegangen. Wir möchten die Geschichte dahinter erzählen. Eine Geschichte hinter einem wundervollen Projekt und einer super Methodik. Dieser Transfer aus Theorie und Praxis wird Dir dabei helfen, Dein nächstes Projekt wieder ein Stück besser zu managen.

Ganz nebenbei wirst Du durch das Studieren dieses Buches auch auf die offizielle PRINCE2 Foundation Prüfung vorbereitet. Alles Weitere hierzu dann im Kapitel „Prüfung & Zertifzierung".

Neben diesem Buch gibt es für Dich auch die Möglichkeit, unseren Onlinekurs als Prüfungsvorbereitung heranzuziehen. Unter www.agile-heroes.de/trainings/prince2 findest Du alle notwendigen Informationen zu unserem Onlinekurs.

Sollte Dir das nicht ausreichen, kannst Du auch eines unserer Präsenztrainings besuchen; zu finden unter www.agile-heroes.de

Fabian Kaiser fkaiser@agile-heroes.de
Roman Simschek rsimschek@agile-heroes.de

Herzlichsten Dank und viele Grüße

Fabian Kaiser   Roman Simschek

Frankfurt am Main, im Mai 2020

Video anschauen: Vorwort

Autor Fabian erklärt die Struktur des Buches.

www.agile-heroes.de/buch/prince2

Inhaltsübersicht

1 Grundlagen 15

2 Projektvorbereitung 55

3 Projektinitiierung 87

4 Projektablauf 145

5 Projektabschluss 169

6 Prüfung und Zertifizierung 173

7 Glossar 177

8 Lösungen zu den Übungsfragen 199

9 Bonus Prüfungsmaterial 201

Index 225

Inhalt

Vorwort 7

1	**Grundlagen**	**15**
1.1	Die Geschichte von PRINCE2	15
1.2	Charakteristika eines Projekts	17
1.3	Der Projektsteuerungskreislauf	21
1.4	Die vier integrierten Bausteine von PRINCE2	27
1.5	Die 7 Grundprinzipien	28
1.6	Die 7 Themen	37
1.7	Die 7 Prozesse	41
1.8	Spezialisten- vs. Managementprodukte	46
1.9	Übungsfragen zu Kapitel 1 – Grundlagen	49
2	**Projektvorbereitung**	**55**
2.1	Prozess: Vorbereiten eines Projekts | Starting Up a Project (SU)	55
2.2	Die Projektbeschreibung	61
2.3	Thema Organisation	62
2.3.1	Die drei Projektinteressen	63
2.3.2	Das Projektmanagementteam	65

2.4	Thema Business Case	74
2.4.1	Inhalt eines Business Case	75
2.4.2	Entwicklungspfad eines Business Case	79
2.5	Übungsfragen zu Kapitel 2 – Projektvorbereitung	82
3	**Projektinitiierung**	**87**
3.1	Prozess Lenken eines Projekts (DP)	87
3.2	Initiieren eines Projekts (IP)	91
3.3	Die Projektleitdokumentation	98
3.4	Thema Pläne	100
3.4.1	Drei Ebenen der Planung	100
3.4.2	Die Erstellung eines Plans	106
3.5	Thema Fortschritt	109
3.5.1	Projektsteuerungsmittel	110
3.5.2	Toleranzen und Ausnahmen	112
3.5.3	Management vs. Technische Phasen	118
3.6	Prozess-Managen eines Phasenübergangs (SB)	121
3.7	Thema Risiko	124
3.7.1	Risiko Definition	125
3.7.2	Prozesse im Risikomanagement	127
3.7.3	Das Risikoprofil	131

3.7.4	Rollen innerhalb des Risikomanagements	133
3.7.5	Kategorien der Risikobehandlung	135
3.8	Übungsfragen zu Kapitel 3 – Projektinitiierung	140
4	**Projektablauf**	**145**
4.1	Prozess Steuern einer Phase (CS) und Managen der Produktlieferung (MP)	145
4.2	Thema Qualität	150
4.2.1	Qualitätskontrollpfad	150
4.2.2	Qualitätsprüfungstechnik	155
4.3	Thema Änderungen	158
4.4	Übungsfragen zu Kapitel 4 – Projektablauf	163
5	**Projektabschluss**	**169**
5.1	Prozess Abschließen eines Projekts (CP)	169
5.2	Übungsfragen zu Kapitel 5 – Projektabschluss	171
6	**Prüfung und Zertifizierung**	**173**
6.1	Wie kann man zertifiziert werden?	173
6.2	Welche Prüfungen gibt es?	173
7	**Glossar**	**177**
8	**Lösungen zu den Übungsfragen**	**199**
9	**Bonus Prüfungsmaterial**	**201**
Index		**225**

1 Grundlagen

1.1 Die Geschichte von PRINCE2

PRINCE2 wurde 1989 von der britischen Regierungsabteilung „Central Computer and Telecommunications Agency" als eine Art „Wissensmanagement-Projekt" in Auftrag gegeben, um die Erfahrungen der bis dato gemachten Projekterfahrungen zu sammeln, zu bewerten und daraus ein Framework zu entwickeln, welches dabei helfen sollte, bei zukünftigen Projekten bereits bekannte Fehler zu vermeiden. Hieraus entstand die erste Best Practice Projektmanagement-Methodik PRINCE; damals noch ohne die Versionsandeutung „2". PRINCE stand und steht für **PR**ojects **IN C**ontrolled **E**nviroment.

Zum damaligen Zeitpunkt war das Framework für IT-Projekte entwickelt worden. Es sollte als Regierungsstandard für Projektmanagement gelten. Schon bald jedoch fanden die darin enthaltenen Methoden auch außerhalb von IT-Projekten eine weite Verbreitung.

Aus der Erkenntnis heraus, dass PRINCE auch auf andere Projekte anwendbar ist, wurde die Methodik nochmal stark verschlankt, vereinfacht und schließlich 1996 als allgemeine Projektmanagement-Methode PRINCE2 veröffentlicht. Seitdem wurde die PRINCE2-Methodik zunehmend populärer. Neben der PMBok (PMI) und ICB (IPMA, GPM) zählt PRINCE2 zu den weltweit am häufigsten verwendeten Projektmanagement-Methodiken. In über 50 Ländern wird PRINCE2 geschult, zertifiziert und angewandt. In Großbritannien gilt PRINCE2 sogar als De-Facto-Projektmanagement-Standard. Hier achten Unternehmen in der Tat darauf, wenn jemand die Rolle des Projektleiters oder Projektmanagers übernimmt, dass dieser eine eingetragene PRINCE2-Zertifizierung hält. Mehr dazu in Kapitel 6 ff. – Prüfung und Zertifizierungen. Die Anforderung nach einem Zertifikat einer anerkannten Projektmanagement-Methodik wie PRINCE2 lässt sich immer mehr auch im D-A-CH-Raum verfolgen. Das liegt nicht zuletzt daran, dass die Eigenschaft, ein richtig guter Projektmanager zu sein, aufgrund der aktuellen Änderungsbereitschaft der Unternehmen gefragter denn je zuvor ist.

Oft fragt man sich in diesem Zusammenhang, wie PRINCE2 eigentlich eine Allzwecklösung für diese ganz verschiedenen Projekte bieten kann. Die Antwort darauf ist simpel: PRINCE2 ist so generisch wie nötig, jedoch so konkret wie möglich, um als 360°-Methodik, also als ganzheitliche Projektmethodik, wahrgenommen zu werden.

Das bedeutet zuallererst, dass die Methoden-Guideline an sich so allgemein formuliert ist, dass daraus kein fachlicher Hintergrund eines Projekts herauszulesen ist.

PRINCE2 beschreibt nicht, dass Du jeden Tag mit Deinen Entwicklern zusammen die neu programmierte Software-Funktionalität testen sollst.

Vielmehr beschreibt PRINCE2, dass Du als Projektmanager Dich in einem von Dir zu wählenden Turnus mit Deinen Teilprojektleitern austauschen sollst und diese so organisierst, dass sie mit ihren fachlichen Teams die Produkterstellung vorantreiben.

Die Methodik gibt die Empfehlungen und Eckpunkte vor, anhand derer Du den Rhythmus für Deine Meetings finden kannst. Du erhältst Hinweise, welche Inhalte ein Bericht enthalten soll.

Im Grunde genommen geht es darum, aus der Sicht des Projektmanagers Dir zu jedem Zeitpunkt im Projekt die richtigen Werkzeuge an die Hand zu geben, welche Dir dabei helfen sollen, jederzeit die richtigen Entscheidungen treffen zu können. Und das so generisch wie möglich. Daher ist eines der wichtigsten Grundprinzipien der PRINCE2-Terminologie die sogenannte „Anpassung an die Projektumgebung". Ohne vorwegzugreifen ist in diesem Kontext ersichtlich, weshalb dieses Grundprinzip als derart wichtig eingestuft wird.

Um diese eben beschriebene generische Anwendbarkeit auf Dauer aufrechtzuhalten, ist PRINCE2 keinesfalls im Jahre 1996 stehen geblieben. Die heutigen Rechteinhaber, AXELOS, bestehend zu 51% aus Capita (privates Unternehmen in GB) und zu 49% aus Cabinet Office (Behörde in GB), sind mehr denn je damit beschäftigt, die Methodik weiterhin dem Geist der Zeit einzuverleiben. Dies geschieht durch die regelmäßig stattfindenden Updates.

Das letzte große Update von PRINCE2 wurde im Jahre 2017 unter dem Namen PRINCE2 V2017 bekannt gegeben. Hierbei wurden innerhalb der Themen von PRINCE2 Anpassungen durchgeführt, sowie einige Wordings und Fokusbereiche verändert. Auf Basis dieser neuen Version, welche im Jahre über die letzten Monate final geschliffen und ins Deutsche übersetzt wurde, haben wir unseren bestehenden Bestseller aktualisiert und angepasst, so dass wir nun im Jahre 2019 eine sehr runde und hochwertige Buchversion von PRINCE2 v2017 zur Verfügung stellen können.

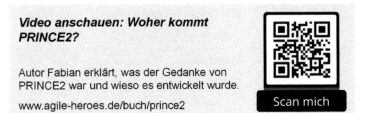

1.2 Charakteristika eines Projekts

Bevor wir uns direkt den ersten Inhalten von PRINCE2 widmen, möchten wir an dieser Stelle erst mal mit ganz allgemeinem Projektmanagement-Wissen beginnen. Unser Beispielprojekt, an dem wir uns hier im Buch orientieren werden, sind die Olympischen Spiele. Wenn wir nun hergehen und die Olympiade als Projekt sehen und uns dann vorstellen, als Projektmanager vor dem Start dieses riesigen Projekts in einer Linienfunktion tätig gewesen zu sein, wird einem die Differenzierung zwischen Projekt- und Linientätigkeit leicht von der Hand gehen.

Kommen wir zur Definition eines Projekts zurück. Generell gilt:

Ein Projekt ist eine für einen befristeten Zeitraum geschaffene Organisation, die mit dem Zweck eingerichtet wird, einen oder mehrere Produkte in Übereinstimmung mit einem Business Case zu vereinbarter Qualität zu liefern.

Ein Projekt wird hierbei in fünf Dimensionen unterschieden:

EIN PROJEKT IST:

1. **Einzigartig**
2. **Bereichsübergreifend**
3. **Verändernd**
4. **Unsicher**
5. **Begrenzt**

Einzigartig[1]: Vergleicht man ein Projekt mit einer Aufgabe in der der Linie, wird klar, dass es sich hierbei um nichtwiederholende Tätigkeiten handelt. In der Linie macht man hingegen – stark vereinfacht gesagt – jeden Tag annähernd dasselbe. Als Controller vergleicht man Berichte, berät mit dem Management, als Risiko-Manager identifiziert man Risiken und bewertet sie, als Sachbearbeiter bearbeitet man Auftragseingänge.

Im Projekt hingegen erwartet einen täglich eine neue Herausforderung. Man entwickelt und entwirft neue Dinge. Es kommen ständig neue Aspekte zum Vorschein, die im Vorhinein überhaupt nicht klar waren. Die „Einzigartigkeit" kann man sogar noch weiter fassen: Geht man doch davon aus, dass sogar die Aspekte, die auf den ersten Blick einem anderen ähneln, völlig einzigartig sind. Dieser Gedanke ist hochinteressant, könnte ein Kritiker dieser Definition doch behaupten, dass wir 2012 bereits die 30. Olympiade der Neuzeit organisieren (in der Geschichte von Olympia noch deutlich mehr). Dieser Gedankengang ist dahingehend schnell zu entkräften, wenn man sich die für die Olympiade 2012 vorhandenen Gegebenheiten anschaut. Neues Jahrzehnt, anderer Kontinent als die letzte Olympiade (China), damit andere Mentalität bei den Mitarbeitern, das Land ist von den finanziellen Mitteln anders aufgestellt etc. So übrigens unterscheiden sich Projekte innerhalb eines Unternehmens auch. Die Abteilungen stellen unterschiedliche Mitarbeiter, haben unterschiedliche Budgets, immer ein unterschiedliches Kernziel etc.

Begrenzt[2]: Geht man von einer Linienorganisation aus, ist hierbei grundsätzlich kein zeitlicher Horizont angedacht. Die Abteilung geht in dem Moment des Existierens davon aus, dies auf unbestimmte Zeit zu tun. Vergleicht man diese Einstellung mit einer Projektorganisation, fällt auf, dass hierbei sehr unterschiedliche Ausprägungen vorhanden sind.

Ein Projekt ist von Natur aus begrenzt. In erster Linie natürlich zeitlich, da ein klar definiertes Ende geplant ist. Freilich sind auch die anderen Projektdimensionen wie Budget oder Qualität etc. begrenzt bzw. vorgeschrieben, schaut man hier jedoch auf das klassische Pendant eines Projekts – die Linie –, stellt man fest, dass auch die Linienorganisation durchaus eine budgetäre und qualitative Rahmenvorgabe hat. In Großunternehmen sind eigene Abteilungen im Rahmen etwaiger Controlling-Offensiven oft sogar als ein Cost- oder Profitcenter definiert.

Somit wird klar, dass die hier angesprochene Begrenzung sich in erster Linie auf den zeitlichen Aspekt eines jeden Projekts beschränkt.

Bereichsübergreifend[3]: Ein Projekt stellt in seiner Vollkommenheit seine Interdisziplinarität, also sein fachspezifisch übergreifendes Know-how unter Beweis. In einem Projekt treffen viele unterschiedliche Fachexperten, oft aus verschiedenen Unternehmen, aus verschiedensten Ländern und Kulturen, manchmal sogar zu völlig unterschiedlichen Zeitzonen aufeinander. Der einzige Nenner all dieser Mitarbeiter ist nur das Projekt. Das bedeutet auch, dass Menschen, die aus so unterschiedlichen „Welten" aufeinanderstoßen, ein enormes Konfliktpotenzial in sich bergen. Wenn sich jedoch dieses neue Projektteam, die verschiedensten Entwickler, die unterschiedlichsten Berater sich erst einmal eingeschwungen haben, ist die Produktivität enorm.

Bei einer Linienorganisation ist die Funktion „bereichsübergreifend" natürlich deutlich untergeordnet. Arbeiten doch hier die meisten Mitarbeiter dauerhaft mit. Das hat natürlich den enormen Vorteil, dass jeder seine Rollen und Verantwortlichkeiten kennt und diese nicht noch – wie in einem neuen Projekt – festgelegt werden müssen.

Unsicher[4]: In der Annahme, dass ein Risiko in der betriebswirtschaftlichen Welt nicht per se als negativ, sondern vielmehr „wertfrei" hinzunehmen ist, bezieht sich die Beschreibung „unsicher" in erster Linie auf die Zielerreichung, die durch viele Bedrohungen, also der negativen Ausprägung einer Unsicherheit, sowie einigen Chancen, den positiven Ausprägungen einer Unsicherheit, gekennzeichnet ist. Das Thema „Risiko", das sich dahinter vereint, wird in der Geschichte des strukturierten Projektmanagements inzwischen als „Dauerbrenner" erkannt. Das Gute: Fast alle Projektmanager wissen inzwischen, wie wichtig es ist, überhaupt Risikomanagement zu betreiben.

Das Schlechte: Von einem effektiv effizienten Risikomanagement ist der Großteil der Projekte noch sehr weit entfernt. Natürlich, im Daily Business ist es oft stressig. Und natürlich rücken dort Themen, die auf den ersten Blick nicht sehr viel zur Projektumsetzung beitragen, oft sehr schnell in den Hintergrund. Jedoch sollte man sich als Projektmanager in diesem unsicheren Umfeld, in dem man sich im Projekt-Business naturgemäß bewegt, unbedingt mit dem stiefmütterlich behandelten Thema Risikomanagement mehr als nur ein bisschen auseinandersetzen.

Verändernd[5]: Der Grund für die Durchführung eines Projekts ist, einem aktuellen Zustand entgegen zu wirken und/oder einen anderen Zustand herzustellen. Ein Projekt ist somit mit dem Ziel eingerichtet, eine Veränderung herbeizuführen.

1.3 Der Projektsteuerungskreislauf

Ein wichtiger Grundsatz, auf dem die PRINCE2-Methodik aufbaut, ist der Projektsteuerungskreislauf. Hierbei geht es kurz gesagt um die Planung, Delegation, Überwachung und Steuerung der einzelnen Aspekte eines Projekts. Dieser Kreislauf findet in allen Dimensionen von PRINCE2 statt, welche im Schaubild innerhalb des Kreislaufes als Dreieck mit drei Kreisen abgebildet sind.

Der Projektsteuerungskreislauf stellt die Ablaufbeschreibung für das erfolgreiche Management der folgenden sechs Projektdimensionen dar.

Die sechs Dimensionen innerhalb von PRINCE2 sind:

Zeit [1], Kosten [2], Qualität [3], Risiko [4], Umfang [5], Nutzen [6]

- **Zeit**: Wie viel Zeit das Projekt benötigt. Wann das Projekt beginnt, wann es (planmäßig) enden soll. Wann welche Phase beginnt, wann welches Produkt erstellt wird: All das sind zeitbezogene Aspekte, die der Projektmanager unbedingt mit hoher Aufmerksamkeit managen sollte. Gerade bei großen, bekannten und/oder prestigeträchtigen Projekten ist die Zeit neben dem monetären Aspekt der öffentliche Aufhänger schlechthin. Aber auch Unternehmen kämpfen in ihren Organisationen häufig mit teilweise extrem verspäteten Projekten. Woher kommt das? Liegt das an mangelnder Management-Kompetenz? Oder sind die hiesigen Projektmanager einfach nur nicht in der Lage, valide Zeitpläne vorzulegen? PRINCE2 gibt hierfür einige Tools mit an die Hand, welche zur einer bedarfsgerechten zeitlichen Planung, Delegation, Überwachung und Steuerung des Projekts massiv beitragen.

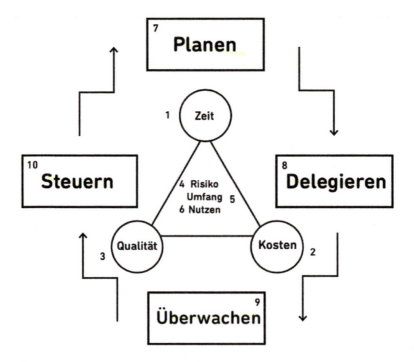

- **Kosten:** Neben dem gerade angesprochenen Zeitaspekt ist die Kostendimension die mit Abstand essentiellste. Schließlich steht und fällt alles damit, dass es innerhalb eines Projekts einen Geldgeber gibt, der ein naturgemäß hohes Interesse an der Projektdurchführung und schließlich dem Projekterfolg hat. Der Geldgeber alleine hat die „Macht", das gesamte Projekt einzustellen. Wie also sollte der Projektmanager hinsichtlich dieser essentiellen Stakeholder-Attention agieren? Nach der PRINCE2-Terminologie nimmt der Projektmanager hier eine Art Vermittlerrolle ein, der die Interessen der Stakeholder wie zum Beispiel dem Auftraggeber mit denen der Lieferanten zueinander bringt.

- **Qualität:** Umgangssprachlich wird „Qualität" per se als absolut positiv gewertet. Man spricht davon, dass das „Auto Qualität hat". Anders ausgedrückt sagt man also, dass das Auto „Eigenschaften" hat. Denn genau so ist Qualität zu sehen. Und zwar als Eigenschaften, die von dem Projekt umgesetzt werden sollen. Ob die Eigenschaften, also die Qualität, „gut" oder „schlecht" sind, vermag der Kunde bzw. der Auftraggeber beurteilen. Der Projektmanager hat nicht das Recht, dies zu beurteilen. Aber er hat jedoch die Pflicht, dies mit gegebenen Ressourcen so gut es möglich ist umzusetzen. Spätestens hier sollte einem die „magische" Verbindung von Zeit, Kosten und Qualität bewusst werden. Diese drei stehen in ständiger Abhängigkeit voneinander. Möchten wir bei unseren Olympischen Spielen die Häuser der Olympioniken in einer hochwertigen oder einer mittelmäßigen Ausstattung? Je nachdem verändert sich natürlich der monetäre Aspekt, da bei der hochwertigen Ausstattung ausschließlich Marmorfußboden verlegt werden soll, welcher deutlich teurer ist als der Teppichboden der mittleren Ausstattung. Hierbei fällt natürlich ins Auge, dass Marmor eine deutlich längere Lieferzeit hat als Teppich. Das Projekt würde sich also neben einer Kostenerhöhung auch noch massiv verspäten. Nun liegt es am Projektmanager, in Anbetracht der Anforderungen der Stakeholder den besten Weg für das Projekt zu finden. Das bedeutet keinesfalls, dass er hierbei persönliche Anforderungen berücksichtigt. Vielmehr muss er die von den Stakeholdern geforderten Qualitätsaspekte so gut es geht berücksichtigen oder eben, bei Nichteinhaltung dieser, die Problematik den Stakeholdern so früh als möglich melden.

- **Risiko:** Wie baut man innerhalb des Projektes ein geeignetes Risikomanagementsystem auf? Mit der Frage beschäftigten wir uns im Folgenden beim Thema „Risiko". Als Dimension bringt „Risiko" zum Ausdruck, dass es sich um eine täglich zu erfüllende Aufgabe des Projektmanagers handelt. Selbstverständlich ist hierbei, dass es so hochspezifische Risiken zu beachten gilt, die weit über die Kompetenz eines – egal wie guten – Projektmanagers hinausgehen. Das ist auch vollkommen in Ordnung, bedenkt man doch, dass die PRINCE2-Terminologie hierfür eigene

Teilprojektleiter, oder wie in PRINCE2 beschrieben, Teammanager gibt, die durch ihr fachliches Know-how hervorstechen. Diese und deren Teammitglieder müssen in die Pflicht genommen werden, eine Gesamt-Risikostrategie für das Projekt mitzuentwickeln und vor allem Einzelrisiken auf den unterschiedlichen Ebenen zu identifizieren und unter gewissen Umständen dem Projektmanager zu melden. Dieser wiederum ist dann in der Pflicht, die Risiken zu delegieren, zu überwachen und zu steuern.

- **Umfang**: Hierbei handelt es sich um den schnell verwechselten Artgenossen von „Qualität". Oft wird innerhalb von Projekten die Diskussion geführt, ob Aufgabe X „inscope" oder „not inscope" ist; also im Umfang oder nicht im Umfang des Projekts. Diese Diskussion ist absolut wichtig und gerechtfertigt. Jedoch muss sie richtig geführt werden. In der Praxis reden Leute meist von den vom Projekt zu liefernde Eigenschaften. Bei unserer Olympiade zum Beispiel von „Marmor- oder Teppichboden". Wie aber bereits in der Dimension „Qualität" gut erläutert wurde, handelt es sich hierbei um Eigenschaften, also dem Zustand des Produktes, also um Qualität, nicht um – wie so oft fälschlicherweise verwendet – Scope/Umfang. Der Umfang beschäftigt sich – plastisch gesagt – mit der Anzahl der Marmorplatten, die benötigt werden.

- **Nutzen**: Als Nutzen wird der erwartete Mehrwert des Projekts bezeichnet. Der Nutzen kann in seiner Art und Güte durchaus unterschiedlich ausfallen. So gibt es den monetären Nutzen: Wenn ich X entwickle, erwarte ich Y an Return on Investment. Hier ist der Blick allein auf den finanziellen Aspekt des Projekts. Darüber hinaus gibt es allerdings auch nichtmonetären Nutzen. So kann die Olympiade neben ihrem finanziell durchaus positiven Effekt vor allem auch Prestige für London mit sich bringen. Hieraus können sich neue Touristen erschließen, die nach der Olympiade den Urlaub in London verbringen wollen und damit neue Arbeitsplätze in London schaffen. Mit Verlaub, letztlich kann man beinahe alle Gründe so durchkonjungieren, dass man am Ende bei dem Faktor Euro bzw. Geldeinheit landet.

1.3 Der Projektsteuerungskreislauf

Kommen wir nun nochmal zum Projektsteuerungskreislauf zurück. Oder kurz gesagt zum Inbegriff von „Managen". Aber was bedeutet eigentlich managen?

Der erste Schritt im Managen eines Projekts – oder im Projektsteuerungskreislauf – ist der Schritt „Planen", welcher natürlich im ersten Anlauf einen enormen Aufwand darstellt. Bleiben wir bei unserem Olympia-Beispiel. Die ersten Planungsmeetings des Projektteams werden durchaus sehr umfangreich und sehr unstrukturiert gelaufen sein. Gleichgültig, welche **Dimensionen** geplant worden sind: Ob Risiko oder Zeit, ob Budget oder Qualität, es wird am Anfang in nur sehr wenigen Fällen tatsächlich eine ganz konkrete Planung vorhanden sein. Das ist aber auch nicht schlimm. Der Projektsteuerungskreislauf ist, wie es der Name schon sagt, ein wiederkehrender Mechanismus. Ein Mechanismus, der bewirkt, dass es eine kontinuierliche Planung, Delegation, Überwachung und Steuerung innerhalb eines Projekts gibt. Hierdurch entstehen nicht nur von Durchlauf zu Durchlauf eine feinkörnigere Planung, sondern auch eine höhere Lernrate. Die kontinuierliche Verbesserung wird hierdurch fortlaufend gepflegt.

Machen wir das Ganze mal anhand eines Beispiels unserer olympischen Häuser klar.

Planung: Hierbei wird sich der Projektmanager mit seinem Teammanager „Häuserbau" und anderen wichtigen Personen in einem ersten Planungsmeeting Gedanken über die Lage der neu zu errichteten Häuser gemacht haben. Wichtig ist hierbei zu beachten, dass man mit der höchsten Planungsebene beginnt. Wie hier zum Beispiel die Lage. Es ist zu erwähnen, dass der Projektmanager hierbei kaum fachliches Know-how besitzen muss. Er muss den Gesamtüberblick über die Projektorganisation bewahren, das Fach Know-how zur Erstellung der Produkte bringt der Teammanager mit. Der Projektmanager sollte zum Beispiel darauf achten, dass die wichtigsten Stakeholder wie zum Beispiel vorgeschriebene Ämter mit am Planungstisch sitzen. Nachdem das Thema „Lage" annähernd gut geplant worden ist, geht es um erste Maßnahmen, die operationalisiert werden sollen.

Delegieren: Dies stimmt der Teammanager mit dem Projektmanager ab und nimmt das Ergebnis zur fachlichen Umsetzung mit an sein Team. Der Projektmanager hat somit den zweiten Schritt im Projektsteuerungskreislauf vollzogen: er hat delegiert. Bei der Delegation von Aufgaben ist es wichtig, dem Teammanager genügend Entscheidungstoleranzen mit auf den Weg zu geben. In der Praxis kommt es oft vor, dass der Projektmanager dem Teammanager wenig bis gar keine Entscheidungskompetenz mitgibt. Das hat zur Folge, dass der Teammanager sich wegen jeder Kleinigkeit an den Projektmanager zu wenden hat. Das hat dann nicht mehr viel mit gutem Projektmanagement, sondern vielmehr mit unnötigem Mikromanagement – also dem Management von kleinsten Angelegenheiten zu tun. Wie eine richtige Übertragung von Verantwortung auszusehen hat, schauen wir uns im Abschnitt 3.5 *Fortschritt* im Laufe dieses Buches noch genauer an.

Hat der Teammanager die Aufgaben und Kompetenzen des Projektmanagers übernommen, beginnt der Projektsteuerungskreislauf auf der nächsten Delegationsebene von vorne.

Auf der von uns aktuell beschriebenen Ebene des Projektmanagers beginnt währenddessen der nächste Schritt im andauernden Projektsteuerungskreislauf: die Überwachung.

Überwachung: Hierbei ist „Überwachen" keinesfalls negativ zu bewerten. Vielmehr geht es darum, einen qualitätssichernden Mechanismus in das tägliche Projektbusiness einfließen zu lassen. Innerhalb des Schrittes „Überwachung" muss im Vorhinein über die vorherrschenden Parameter gesprochen werden. Es sollten Berichts- und Eskalationswege und Mechanismen eingerichtet werden, um immer die richtige Information zum richtigen Zeitpunkt an die richtige Person oder Stelle geben zu können. Wie genau diese Überwachungstools auszusehen haben, wird ebenfalls im Thema „Fortschritt" genauer beschrieben. Hier sind neben den richtigen Tools auch Meetings beschrieben, welche zu einer adäquaten Überwachung durchgeführt werden sollten.

Steuerung: Im letzten Prozessschritt geht es darum, den in der Überwachung festgestellten Abweichungen mit Umsetzungsmaßnahmen entgegenzuwirken.

1.4 Die vier integrierten Bausteine von PRINCE2

Nachdem wir uns im letzten Abschnitt den Grundlagen des Projektmanagements, angehaucht mit einigen PRINCE2-Merkmalen angeschaut haben, gehen wir nun in die Methodik PRINCE2.

PRINCE2 kann man im Grunde auf vier einfache Bestandteile aufteilen: Grundprinzipien, Themen, Prozesse und Anpassung an die Projektumgebung. Jeder der vier Bausteine hat eine Daseinsberechtigung in unterschiedlicher Ausprägung. Im Folgenden gehen wir auf die einzelnen Bausteine ein, bevor diese dann Kapitel für Kapitel näher aufgearbeitet und verknüpft werden.

- **Die 7 Grundprinzipien**: Die Grundprinzipien kann man festen Leitsätzen gleichsetzen. Nach der PRINCE2-Terminologie ist jedes der sieben bestehenden Grundprinzipien zu befolgen, sollte man beabsichtigen, ein PRINCE2-Projekt zu initiieren und zu managen. Den 7 Grundprinzipien schenkt dAbschnitt 1.5 noch gesonderte Aufmerksamkeit.

- **Die 7 Themen**: Die 7 Themen beschreiben den Inhalt von PRINCE2 bzw. den Inhalt einer richtigen Projektstruktur. Zum Beispiel: Wie man eine richtige Projektorganisation erstellt oder wie Reportingstrukturen auszusehen haben.

- **Die 7 Prozesse**: Die 7 Prozesse stellen die Ablaufbeschreibung um die 7 Themen herum dar: Wann wer was im Projekt erstellt bzw. durchführt.

- **Anpassung an die Projektumgebung**: Die Anpassung an die Projektumgebung ist in der PRINCE2-Terminologie nicht allzu umfangreich beschrieben, stellt in der Praxis jedoch das größte Thema eines Projektmanagers in Verwendung von PRINCE2 dar. Das liegt daran, dass dieser Baustein die PRINCE2-Terminologie vollkommen anpassbar und auf sämtliche Projekte adaptierbar macht.

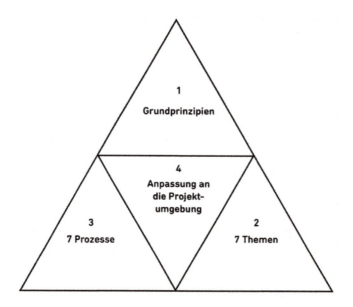

1.5 Die 7 Grundprinzipien

Wie in Abschnitt 1.4 beschrieben, sind die Grundprinzipien wichtige Leitsätze, die in PRINCE2 vorherrschen; Leitsätze, die sich aus rund 30 Jahren richtig gutem Projektmanagement ergeben haben. Viele davon wird man im Rahmen seiner eigenen Projekterfahrung als bekannt und bewährt einstufen. Andere bringen interessante, neue Ansätze mit sich. Wer sich im agilen Projektmanagement wie SCRUM oder Kanban bereits auskennt, dem wird auffallen, dass die Grundprinzipien ihrem Zweck, dem Agilen Manifest, sehr nahe sind. Die Inhalte sind freilich unterschiedlich, der Hintergrund, nämlich das einheitliche Verständnis von Gesetzen, ist hingegen absolut gleichwertig. Die 7 Grundprinzipien sind:

1.5 Die 7 Grundprinzipien

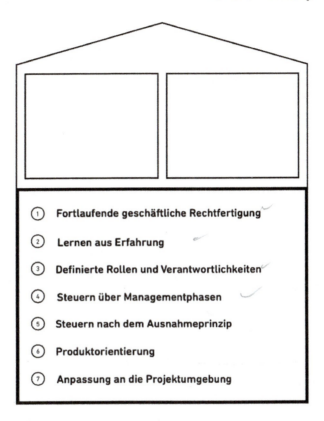

1. Fortlaufende geschäftliche Rechtfertigung
2. Lernen aus Erfahrung
3. Definierte Rollen und Verantwortlichkeiten
4. Steuern über Managementphasen
5. Steuern nach dem Ausnahmeprinzip
6. Produktorientierung
7. Anpassung an die Projektumgebung

Fortlaufende geschäftliche Rechtfertigung[1]: Dieses Grundprinzip bezieht sich auf den vom Projekt zu liefernden Nutzen oder Mehrwert. Dieser muss von Anfang an gegeben sein, um ein Projekt überhaupt zu initiieren. Ist dies der Fall, kann mit einer Umsetzung des Projekts begonnen werden. Wichtig ist hierbei, dass dieser Nutzen durch eine iterative Vorgehensweise ständig überprüft und gegebenenfalls angepasst wird. Der Nutzen stellt wie in Abschnitt 1.3 (Projektsteuerungskreislauf) beschrieben eine Projektdimension dar, die der Projektmanager dauerhaft managen muss. Die geschäftliche Rechtfertigung muss der Projektmanager der PRINCE2-Methodik nach in einem Dokument festhalten, welches durch dauerhafte Anpassung sozusagen „lebt". Dieses Dokument wird als Business Case beschrieben. Hierzu wird es im Folgenden sogar noch ein eigens zu behandelndes Thema geben.

Bei der Olympiade ist der Nutzen natürlich sehr einfach und umfangreich zu beschreiben. Hier sind es die bereits genannten neuen Arbeitsplätze, die aufgrund von Tourismus in der Stadt entstehen; nicht zu verachten sind die umfangreichen Einnahmen, die die Londoner Geschäfte zu verzeichnen haben sowie etwaige nichtmonetäre Prestigeeffekte für die Stadt.

- **Lernen aus Erfahrung**[2]: Dieses Grundprinzip befasst sich im Grunde mit den Erfahrungen aus Vorgängerprojekten. Erfahrung muss hierbei keinesfalls negativ zu bewerten sein. Durchaus können gute Ansätze aus Vorgängerprojekten ebenfalls Anwendung finden. Im Grunde genommen ist die PRINCE2-Methodik als eine große Sammlung der besten Anwendungen aus Vorgängerprojekten nichts anderes als die Operationalisierung dieses Grundprinzips. Dieses Grundprinzip findet meist zu Beginn des Projekts eine intensive Anwendung, da in frühen Projektphasen eine enorme Unsicherheit herrscht und hier ein starkes Erfahrungsregister aus Vorgängerprojekten gute Unterstützung leisten kann.

In der Geschichte fanden bereits 100 Olympiaden statt. Da wird es doch ein Leichtes sein, auf die Erfahrung jener zurückzugreifen und die Olympischen Spiele von London hocheffizient zum Erfolg zu führen. – Das ist leider zu naiv gedacht; unterscheiden sich die Vorgängerprojekte doch stark hinsichtlich dem Geist der Zeit, Region, Kultur. Selbst wenn die Rahmenbedingungen annähernd gleichbleiben, ist hierdurch keine Erfolgsgarantie zu erwarten, nur weil man auf Erfahrungen aus Vorgängerprojekten zurückgreift. Die Chance, Wiederholungsfehler zu vermeiden ist jedoch allemal gegeben, weshalb die Chance auf einem Projekterfolg zumindest ausdrücklich steigt.

In der Praxis fällt auf, dass ein bewusstes „Lernen aus Erfahrung", meist nur sehr halbherzig betrieben wird. Natürlich, unterbewusst haben Senior Projektmanager einen enormen Erfahrungsschatz, auf den sie zurückgreifen, auch ohne irgendwelche Lessons Learned Meetings durchzuführen. Die Erfahrung zeigt jedoch, dass regelmäßige Lessons Learned Meetings einen für den Projekterfolg positiven Effekt mit sich bringen. Hierbei ist zu beachten, dass die Betonung auf „regelmäßig" nicht auf „nur am Ende eines Projekts", wie es doch in den meisten Projekten gehandhabt wird, liegen muss. Ein regelmäßiges „sich zu hinterfragen" ist im agilen Projektmanagement ein gelebter Ansatz. Auch im klassischen Projektmanagement gehört es, der Theorie zufolge (PRINCE2-Methodik) schon längst zum Tagesgeschäft.

- **Definierte Rollen und Verantwortlichkeiten**[3]: Wer kennt es nicht? Innerhalb eines Projekts kommt (gefühlt) aus dem Nichts eine Aufgabe auf, welche zwar bekannt war, jedoch hatte niemand dafür Sorge getragen, dass diese auch ordnungsgemäß erfüllt wurde. Grund hierfür ist, dass sich niemand dafür verantwortlich gefühlt hat. Dieser Planlosigkeit der Verantwortung wirkt die PRINCE2-Methodik stark entgegen, in dem sie klare Rollen (Projektmanager, Teammanager uvm.) vorgibt und dahinter klar deren Anforderungsprofil, deren Kompetenzen sowie Rechte und Pflichten aufzeigt.

Bei der Olympiade hat der Projektmanager all seinen Teammanagern, also den fachlichen Teilprojektleitern, genau die richtige Verantwortung delegiert. Bei Projekten dieser Größe ist es nicht möglich, dass der Projektmanager alleine die zum Beispiel Budgetverantwortung für sämtliche Teilprojekte trägt. Die Teammanager können nicht frei Budgets verteilen. Sie haben vielmehr seitens des Projektmanagers gewisse Budget-Toleranzwerte übergeben bekommen, innerhalb deren sie frei und ohne ständige Abstimmung mit dem Projektleiter interagieren können, sogar müssen.

Wichtig ist hierbei, das Grundprinzip der klaren Rollen und Verantwortlichkeiten richtig zu leben, da sonst der Teilprojektleiter und der Teammanager wegen Kleinigkeiten die Abstimmung mit dem Projektmanager suchen, da dieser keine klaren Verantwortlichkeiten für sein Projektteam vorgegeben hat.

In der harten Praxis wird das Thema „Rollen und Verantwortlichkeiten" so gelebt, dass zwar offizielle Verantwortlichkeiten delegiert wurden, jedoch die jeweilige Hierarchiestufe trotzdem in ständiger Abstimmung mit der nächst höheren Hierarchiestufe ist. Das liegt natürlich daran, dass es Situationen gibt, die dies durchaus hergeben, zum anderen liegt es aber auch daran, dass die jeweiligen Mitarbeiter Angst haben zu entscheiden. Hier muss dann die höhere Hierarchiestufe eingreifen und dem Mitarbeiter entweder diese Angst nehmen oder den Mitarbeiter austauschen, da die Führungskraft durch eine derartige Arbeitsweise schnell in ineffizientes Mikromanagement verfällt.

- **Steuern über Managementphasen**[4]: Dass sich ein Projekt durch einen regelmäßigen und wiederkehrenden Kreislauf ausmacht, ist inzwischen klar. Dass dieser Kreislauf unter anderem über so genannte Managementphasen zu funktionieren hat, ist an der Stelle neu. Eine Managementphase stellt, in der Logik von PRINCE2, eine abgeschlossene, eigenständige Projektphase dar. Diese kann zum Beispiel „Initiierungsphase" oder „Testphase" heißen. Alleine der Name hinter der Managementphase gibt Aufschluss darüber, was in der jeweiligen Phase vonstattengeht. Immer am Ende einer jeweiligen Phase muss der Projektmanager an das Entscheidungskomitee, in PRINCE2 „Lenkungsausschuss" (LA) genannt – in der Praxis aber auch oft als Steering-Komitee bezeichnet – reporten. Hierdurch wird klar, dass ein Abschluss einer Managementphase ein essentielles Ereignis innerhalb eines Projekts darstellt. Ein Ereignis, in dem der Projektmanager sich natürlich rechtfertigen muss, der Lenkungsausschuss wichtige Entscheidungen treffen muss und auch sonstige, für eine Eskalation nicht ausreichende Ereignisse, Vorkommnisse oder einfach Anliegen besprochen werden. Welche Personen bzw.

Stakeholder in einem Lenkungsausschuss sitzen, wird im Thema „Organisation" in Abschnitt 2.3 konkret beschrieben. Wie lange eine Managementphase dauert und wie viele es davon gibt, wird ebenfalls noch konkreter beim Thema „Fortschritt" in Abschnitt 3.5 beschrieben.

Beim Projekt Olympia bietet es sich natürlich ebenfalls an, die Errichtung der Olympiade in logische Managementphasen zu unterteilen. Hier würden wir zum Beispiel eine Initiierungsphase zur Planung der Anforderungen durchführen, gefolgt von einer Planungsphase zur Strukturierung des Projekts inklusive Verteilung der Rollen und Verantwortlichkeiten. Das nur als ein paar wenige Phasen von vermutlich hunderten.

In der Praxis werden Phasen oft wenig gelebt. Das liegt zum einen an dem hohen Stresslevel der Projektmanager, welche die Einteilung in logische aufeinanderfolgende Phasen oft in ihrer Projektplanung schlichtweg vergessen oder sie fehlerhafterweise als obsolet ansehen. Neben dem tatsächlichen Vorteil, dass durch eine klare Gliederung der Phasen ein vereinfachtes Fortschritts-Tracking vonstattengeht, da immer zu einem genau bestimmten Zeitpunkt reportet werden muss, ist es auch ein nicht zu verkennender psychologischer Vorteil, dass man Phasen tatsächlich abschließt. Die Projektorganisation ist in ihrem täglichen Business nur von Problemen und Risiken sowie von Zeit- und Budgetdruck getrieben. Da ist der Zwischeneffekt, etwas geschaffen bzw. geschafft zu haben, ein hervorragender Mechanismus, um die Motivation dauerhaft ausreichend hochzuhalten.

- **Steuern nach dem Ausnahmeprinzip**[5]: Ist das Grundprinzip „Steuern über Managementphasen" als ein zeitlich getriebener Überwachungs- und Planungsmechanismus zu werten, bezieht sich das Grundprinzip „Steuern nach dem Ausnahmeprinzip" deutlich mehr auf die Ereignissteuerung. Um dieses Grundprinzip hinreichend gut zu leben, muss dieses Prinzip auch außerhalb der PRINCE2-Projektorganisation, also der in das Projekt aufgehängten Linie, bekannt, anerkannt und gelebt werden. Hierbei geht es fast um eine Art Wert, also eine innere Überzeugung. Man kann auch von einer Führungsphilosophie sprechen. Bekannt ist dieses Prinzip neben der PRINCE2-Terminologie auch aus der angewandten Betriebswirtschaftslehre, in der dieses Prinzip neudeutsch als „Management by Exception" gelehrt wird. Hierbei geht es im Grunde darum, als Führungskraft Verantwortung an die nächst tiefere Hierarchieebene zu delegieren. Das bringt den immensen Vorteil mit sich, dass zum einen der in unserem Beispiel typische Projektmanager durch die Einbeziehung seiner Teammanager entlastet wird und die neu eingebundenen Mitarbeiter darüber hinaus über ihren Zuwachs an Verantwortung viel besser mit in den Projekterfolg einbezogen und ggf. noch zusätzlich motiviert werden. Gerade bei Großprojekten, bei denen es eine Vielzahl von Teammanagern gibt, muss das Prinzip gelebt werden, da ansonsten sehr schnell eine Überlastung des Projektmanagers eintritt. Damit dieses Ausnahmeprinzip funktioniert, sind einige wichtige Bestandteile zu beachten: Es sollte im Vorhinein eine klare Kommunikation der Rollen und Verantwortlichkeiten (siehe Grundprinzip *Definierte Rollen und Verantwortlichkeiten*) durchgeführt werden. Im Weiteren müssen auch Toleranzen, also Bereiche, in denen der Projektmanager und der Teammanager, ohne die nächst höhere Hierarchiestufe einzubinden, in sämtlichen Dimensionen, also Zeit, Budget, Qualität, Risiko, Umfang und Nutzen, mitdelegiert werden.

Der Olympia-Projektmanager hat in dieser Hinsicht von dem Lenkungsausschuss eine Budgetverantwortung von rund 200 Millionen Euro pro Managementphase übertragen bekommen. Diese Summe gilt es dann im Rahmen der richtigen Delegierung an die Teammanager bzw. Teilprojektleiter bedarfsgerecht zu verteilen. Hierbei gibt die PRINCE2-Terminologie nicht vor, ob es Bottom Up, also mit einem ersten Planungsvorschlag der Teammanager, oder Top Down, also mit einem ersten Planungsvorschlag der Projektmanager, verteilt werden soll. Vielmehr geht es darum, in einem gemeinsamen, regelmäßig stattfindenden Planungsmeeting Planungs- und daraus entstehenden Budgetmehrbedarf zu ermitteln und im Rahmen der Budget-Toleranzen der jeweiligen Managementphase zu verteilen.

In der Praxis wird dies meist deutlich intuitiver gehandhabt. Hier geben in aller Regel die Teammanager eine erste Indikation vor, auf deren Basis der Projektmanager dann im Rahmen seiner von dem Lenkungsausschuss vorgegebenen Toleranzen eine Budgetanpassung in seinem Sinn vornimmt. Die Tatsache, dass die Teammanager mit einem besonders großen Puffer an Budget in die Verhandlung mit dem Projektmanager gehen, ist ein ungeschriebenes Gesetz. Ebenfalls ist es ein ungeschriebenes Gesetz, dass der Projektmanager sich über diese Tatsache bewusst ist und deswegen den Teammanagern überdurchschnittlich viel der Budgetplanung wieder kürzt. Im Übrigen spielt sich dieses Szenario auf allen Planungsebenen, also Teammanager, Projektmanager, Lenkungsausschuss und Unternehmensmanagement ab: Die tiefere Ebene kommt mit einer deutlich höheren Budgetplanung als benötigt zur nächst höheren Hierarchieebene, welche wiederum deutlich mehr der Planung streicht, als eigentlich benötigt wird, womit das Ergebnis im Grund genau dem Planungsbedarf entspricht. Beide Parteien sind sich dem in den meisten Fällen bewusst.

- **Produktorientierung**[6]: In den meisten Projektmeetings hört man Teilnehmer immer nur über die Projektaktivitäten sprechen: die Aktivitäten der letzten Woche, die dieser Woche, und welche schiefliefen. Hierbei verliert man jedoch schnell den Blick auf das große Ganze und auf das, was am Schluss das Projekt liefern soll: das Produkt. Diesen Blick wiederherzustellen ist das Ziel des Grundprinzips der „Produktorientierung". Dem Grundprinzip zufolge geht es darum, den Blick auf die vom Projekt zu liefernden Produkte zu lenken. Wobei Produkte hier nicht unbedingt physische Produkte sein müssen, sondern auch immaterielle Produkte oder Dienstleistungen sein können. Das spiegelt sich vor allen in der Planung des Projekts wider. Hierbei plant man von dem Projektendprodukt, also dem Produkt, welches das Projekt am Ende als Output generieren soll, hin zu den jeweils tieferen, feineren Produktgruppen. Erst am Ende der Planungstiefe, also dann, wenn man auf der von den Teams granularsten zu liefernden Produktebene angekommen, teilt man diese (Teil)-Teilprodukte auf die dafür notwendige Aktivitäten auf. Es kommt also eine Art Rückwärtsplanung zum Einsatz.

Die Olympiade wurde so, von dem großen vom Projekt zu liefernden Endprodukt der stattfindenden Olympiade, in tausende Teilprodukte zerlegt: Häuser, Stadien, neue U-Bahn-Stationen, Hotels, rechtliche Angelegenheiten etc.

- **Anpassung an die Projektumgebung**[7]: PRINCE2 ist eine sehr umfangreiche Projektmanagement-Methodik. Dabei ist sie für Großprojekte absolut geeignet, durch die Anpassung an die Projektumgebung jedoch so adaptierbar und generisch, dass mit der Methodik annähernd jedes Projekt gemanagt werden kann.

Bei einem Großprojekt wie der Olympiade ist die Anpassung an die Projektumgebung sicherlich weniger gegeben, da, je größer ein Projekt ist, ein höherer administrativer Aufwand sich a) in den Gesamtkosten weniger bemerkbar macht als in kleineren Projekten und b) auch einfach gegeben sein muss, damit das Projekt weiterhin steuerfähig bleibt.

Oft fällt auf, dass die Tendenz innerhalb der meisten Projekte eher in Richtung „Admin Overhead", also in Richtung zu vieler Templates, zu viel Administration, zu vieler Meetings geht, als in eine schlanke und effiziente, also eine angepasste Projektumgebung. Das liegt auch unter anderem an dem oft vorhandenen Irrglauben, dass wenig bis gar keine Administration Agile bedeutet und viel und umfangreiche Administration automatisch „klassisches bzw. Wasserfall-Projektmanagement". „Managt man offiziell ein ‚klassisches' Projekt, sollte man daher automatisch einen hohen Administrationsaufwand mit sich bringen": so zumindest die falsche Annahme vieler Projektmanager. PRINCE2 sagt hierzu allerdings klar, dass die Administration sich der Projektumgebung anzupassen hat. Wenn das Projektbeispiel weniger risikobehaftet ist, kann einem Projektmanager mehr Freiraum zu Verfügung gestellt werden, als wenn ein hohes Risiko vorliegt.

Neben dem 7. Grundprinzip stellt die Anpassungen an die Projektumgebung (Tailoring) auch einen der 4 Bestandteile von PRINCE2 in Gänze dar. Vorallem in der neuen Vesrion 2017 ist das Tailoring deutlich mehr in den Vordergrund getreten, weshalb wir hierzu nochmal ein Extra-Kapitel entwickelt haben, welches unter Kapitel 1.8 zu finden ist.

1.6 Die 7 Themen

Wie bereits beschrieben, sind die 7 Grundprinzipien Werte, die einen erfolgreichen Projektablauf möglichst positiv beeinflussen sollen. Für die Werte muss es allerdings noch eine Beschreibung zur Umsetzung geben. Diese Beschreibung stellen die sieben Themen dar. Sie geben eine Antwort auf die Frage „Wie ist es zu tun?" Die Inhalte müssen während des Projekts kontinuierlich behandelt werden. Im Folgenden sind die sieben Themen aufgeführt und kurz beschrieben. Im den darauffolgenden Kapiteln wird jedes einzelne Thema, auch im Zusammenspiel mit den Prozessen, aufgearbeitet. Die sieben Themen sind:

- Business Case[1]
- Organisation[2]
- Qualität[3]
- Pläne[4]
- Risiko[5]
- Änderungen[6]
- Fortschritt[7]

Diese werden im Folgenden detailliert beschrieben.

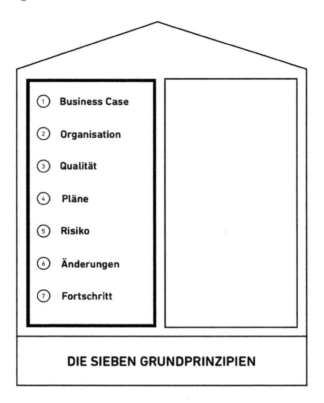

- **Business Case:** Das Thema „Business Case" wird durch das Grundprinzip der „fortlaufenden geschäftlichen Rechtfertigung" getrieben. Es geht darum, Mechanismen einzurichten, welche a) dazu da sind, eine geschäftliche Rechtfertigung zu erlangen, und b) sie kontinuierlich zu pflegen. Im Kern geht es darum, ein Projekt so auszurichten, damit es über die gesamte Laufzeit auf Ziele zum Beispiel der Organisation abzielt, es einen Nutzen bietet. Im Laufe des Buches gehen wir noch auf ein bestimmtes Dokument, den Business Case, tiefer ein. Dieses Dokument ist sozusagen die aus dem Thema „Business Case" herauskristallisierte Essenz, die schriftlich festgehalten wird. Hierbei ist zu beachten, dass nicht jedes Thema ein eigenes Dokument mit sich bringt.

- **Organisation**: Hierbei widmen wir uns der Operationalisierung des Grundprinzips der „definierten Rollen und Verantwortlichkeiten". Das Thema beschreibt die benötigten Rollen, die Rollenverteilungen, welche sich ausschließen und welche Kompetenzen und Verantwortungsbereiche hinter den verschiedenen Rollen festgeschrieben sein müssen. Es beantwortet die Frage, „wer?" innerhalb einer Projektorganisation für die jeweilige Umsetzung verantwortlich ist.

- **Qualität**: Das Thema „Qualität" beschreibt in seiner vollen Ausprägung den richtigen Umgang mit den Stakeholdern in Bezug auf die vom Projekt zu erfüllenden Anforderungen. Das hier wichtigste Grundprinzip ist die „Produktorientierung". Oft kommt es vor, dass Kunden zu Beginn eines Projekts mit nur sehr subjektiven Äußerungen an das Projektteam herantreten. „Das Haus der Chinesen soll deren Kultur entsprechen" könnte bei der Olympiade eine typisch formulierte erste Anforderung sein. Die Aufgabe des Themas „Qualität" ist es in dem Zusammenhang, dem Projektmanager Leitlinien an die Hand zu geben, mit der er es schafft, die zuerst nur sehr weich formulierten Kundenqualitätserwartungen in hart definierte Projektabnahmekriterien zu überführen. Es geht darum, die Frage nach dem „Was" zu beantworten.

- **Pläne**: Hierbei geht es um die Frage, „wie" etwas geliefert wird. Weiß man bereits aus einer guten Ausarbeitung des Themas „Qualität", was der Kunde wünscht, muss man sich im nächsten Schritt mit einer Umsetzung der Kundenwünsche befassen. Damit befasst sich das Thema „Pläne". Hierbei ist zu beachten, dass nicht nur die eigentliche Umsetzung geplant wird, sondern auch die Art und Weise, „wie" die Planung innerhalb eines Projekts durchgeführt wird. Welche Tools werden dafür genutzt? Wie sollte das Layout eines von dem Projekt zu liefernden Projektplans aussehen? Wie feinkörnig sollte die Projektplanung aufgestellt sein? All diese Fragen werden neben der eigentlichen Planung innerhalb eines Projekts im Thema „Pläne" genauer beschrieben. Auch dieses am Thema hat als Grundprinzip die „Produktorientierung" und das „Steuern über Managementphasen".

- **Risiko:** Wie bereits beschrieben, wird in der Terminologie von PRINCE2 das Risiko nicht per se als negativ gewertet. Vielmehr geht es darum, Risiken als Unsicherheiten anzusehen, die Auswirkungen sowohl in die negative als auch in die positive Richtung haben können. Wie mit Unsicherheiten eines Projekts umgegangen werden soll, welcher Prozess nach der PRINCE2-Terminologie verwendet werden soll, welche Strategien es für Gegenmaßnahmen gibt, wird alles tiefgehend im Folgenden beim Thema „Risiko" beschrieben.

- **Änderungen**: Dieses Thema befasst sich mit einer Steuerung der Änderung der Kundenanforderungen. Es geht hierbei in erster Linie darum, Struktur in das Änderungssteuerungsverfahren zu bringen: Welche Arten von Änderungen gibt es? Welche prozessualen Unterschiede liegen hinter den verschiedenen Arten von Änderungen? Die Antworten liefert das Thema „Änderungen". Darüber hinaus befasst sich das Thema „Änderungen" mit dem Konfiguarationsmanagement innerhalb eines Projekts. Das Konfigurationsmanagement beschreibt, kurz gesagt, die Art und das Management von verschiedenen Versionen von Produkten. Das klingt zunächst sehr kryptisch, und zugegebenermaßen ist das nicht für alle Projekte adaptierbar. Jedoch ist u.a. die Versionierung, besonders in der Softwareentwicklung, ein wichtiges Must-Have. Versionierung bedeutet, dass jede neu releaste Version der Software sich klar von der letzten unterscheidet und auch durch eine Versionsnummer entsprechend gekennzeichnet wird.

- **Fortschritt**: Dieses Thema beschreibt, wie die Reporting-Kultur, die Eskalationswege und der Toleranzbereich eines Projekts aussehen sollen. Es soll hierdurch sichergestellt werden, dass zu jedem Zeitpunkt eine Aussage über den Projektfortschritt getroffen werden kann und der Projektmanager oder der Lenkungsausschuss dadurch in die Lage versetzt wird, zu jedem Zeitpunkt eine Entscheidung, die richtige Entscheidung treffen zu können.

1.7 Die 7 Prozesse

Die 7 Prozesse stellen die Ablaufbeschreibung zu den sieben Themen dar.

Ein Prozess im Sinne von PRINCE2 hat dieselbe Beschreibung wie im Sinne der allgemeinen Betriebswirtschaftslehre: für einen definierten Input wird über eine vorgeschriebene Abfolge von Aktivitäten Wertschöpfung generiert und ein definierter Output als Mehrwert geliefert.

Das Zusammenspiel der 7 Grundprinzipien mit den 7 Themen und 7 Prozessen kann man wie folgt zusammenfassen:

Innerhalb der Managementphasen stellen die Prozesse die vorgegebenen Aktivitäten, von bereits vor einem Projekt bis zum Abschluss eines Projekts, dar. Innerhalb der vorgegebenen Prozesse werden die sieben Themen – unter Berücksichtigung des vierten Bausteins von PRINCE2, der Anpassung an die Projektumgebung – behandelt und dadurch die sieben Grundprinzipien eingehalten.

Im Folgenden sind die Prozesse aufgelistet und mit einigen prägnanten Wörtern beschrieben. Eine detaillierte Beschreibung der einzelnen Prozesse ist einer der Hauptbestandteile dieses Buches und verteilt sich daher auf mehrere Kapitel.

Dieses Buch ist – nebst eigenständiger Fortbildung und/oder Prüfungsvorbereitung – auch Bestandteil unseres Onlinekurses und der Präsenztrainings. Um die Wortwahl konsistent zu halten, sind daher die Prozesse sowohl im Deutschen als auch im Englischen genannt. Im Übrigen werden im Folgenden auch die Abkürzungen der englischen Begriffe genannt, die im Buch und in den Trainings verwendet werden.

- **Vorbereiten eines Projekts – Starting up a project | SU** [1]

  Der Prozess SU kommt bereits vor Beginn eines Projekts zur Anwendung, mit dem Ziel, herauszufinden, ob sich ein Projektbeginn lohnt. Dieser Prozess kommt einer Vorstudie ausgesprochen nahe. Eine Vorstudie kommt vor allem bei Großprojekten zum Einsatz, wo für eine solide Planung ein kurzes Vorprojekt initiiert wird, um die Planung für das Großprojekt an sich sicherstellen zu können.

- **Lenken eines Projekts – Directing a Project | DP** [2]

  Der Prozess DP ist für den Lenkungsausschuss entwickelt, damit dieser im Rahmen seiner Möglichkeiten zu jeglichem Punkt im Projekt die letztendliche Kontrolle behalten kann.

- **Initiieren eines Projekts – Initiating a Project | IP** [3]
  Der Prozess IP ist innerhalb des Projekts der Hauptprozess der ersten Projektphase. Er dient zur allgemeinen Orientierung, zur Erstellung eines Plans und zur ersten Arbeitsverteilung.

- **Managen eines Phasenübergangs – Managing a stage boundary | SB** [4]
  Der Prozess SB ist ein sich je nach Anzahl an Managementphasen wiederkehrender Prozess, der für den Übergang von einer Projektphase in die nächste verantwortlich ist.

- **Steuern einer Phase – Controlling a Stage | CS** [5]
  CS ist der in PRINCE2 am umfangreichsten beschriebene Prozess. Das liegt daran, dass die Haupt-Managementarbeit des Projektmanagers sich in diesem Prozess abbildet.

- **Managen der Produktlieferung – Managing Product delivery | MP** [6]
  MP dient dazu, dem Projekt- und Teammanager einen Prozess an die Hand zu geben, über den sie ihre Arbeit und Arbeitspakete einander übergeben können.

- **Abschließen eines Projekts – Closing a Project | CP** [7]
  Im Prozess CP wird dem Projektmanager ein Rahmenwerk zu einem erfolgreichen Projektabschluss mit an die Hand gegeben. Ziel ist es, alle notwendigen Dokumente und Formalitäten über diesen Prozess abzudecken.

1.8 Die Anpassung an die Projektumgebung (Tailoring PRINCE2)

PRINCE2 ist als ein Projektmanagement Framework sehr generisch gehalten. Hieraus resultiert der Vorteil einer vielfältigen Einsetzbarkeit. Es ist jedoch auch wichtig zu erwähnen, dass dadurch ein hohes Maß an Anpassungsfähigkeit gegeben sein muss. Diese wird vor allem in der Ausprägung „PRINCE2 Agile" deutlich.

> **Video anschauen: Der Gedanke von PRINCE2 Agile**
>
> Autor Fabian erklärt, was es mit PRINCE2 Agile auf sich hat.
>
> www.agile-heroes.de/buch/prince2

Scan mich

PRINCE2 Agile ist anders wie viele Leute vermuten keine eigene Methode. Vielmehr handelt es sich um eine Ausprägung, eine von den Rechteinhabern definierte Art der Anpassungen von PRINCE2, in Richtung der agilen Welt, der agilen Techniken und der agilen Vorgehenweisen. Es wird hierbei die Frage beantwortet, wie PRINCE2 als immer noch wichtigstes Projektmanagement Framwork, mit agilen Produktentwicklungsmethoden wie z.B Scrum, Kanban, Lean StartUp o.Ä. kombiniert werden kann.

Was bedeutet aber nun Anpassungsfähigkeit oder Tailoring? Es bedeutet, dass die Methodik in ihrer theoretischen Reinheit A) niemals zu 100% angewendet werden kann und B) durch die generische Formulierung, durch einfache "Anpassungen", auf sämtliche Projekte adaptierbar ist.

Dies könnte zum Beispiel mit den folgenden Optionen geschehen:

- **Die Vereinfachung der Methodik: z.B. Techniken und Praktiken werden schlanker gestaltet.** Das hat vor allem in Bereichen, wo mit Agilität gearbeitet wird, einige Vorteile, da dort oft auf Dokumente und Berichte verzichtet wird bzw. sie sehr schlank eingesetzt werden.

- **Die Formalisierung bzw. Informalisierung: z.B. Berichte oder Meetings werden bei dem Mittagessen abgehalten.** Auch dieser Gedanke trifft aktuell den Zahn der Zeit. Das Mindset vieler Mitarbeiter geht aktuell eher in die Richtung „Meetings nerven", weshalb eine Vereinfachung einen hohen Grad an Zustimmung innerhalb der Unternehmen erfährt.

1.8 Die Anpassung an die Projektumgebung (Tailoring PRINCE2)

- **Die Umgestaltung von Formaten: z.B. Berichte oder Tabellen werden in ihrer Darstellung verändert.** Oft kommt das aufgrund von externen Anforderungen wie z.B. Regulatorik oder Style-Guides zum Tragen. Dies hilft, dass PRINCE2 nicht durch z.B. Unternehmensvorgaben aus dem Rennen genommen wird.
- **Die Zusammenführung / Splittung: z.B. werden viele einzelne Berichte in einem großen Bericht zusammengeführt.** Hier hat PRINCE2 selbst erkannt, dass eine gewisse Komplexität und Schwerfälligkeit vorhanden sind und somit eine Verschlankung vor allem für kleine Projekte Sinn machen kann.
- **Das Renaming: z.B. wird in einer Organisation das Wort „Kunde" anders als in PRINCE2 definiert, so nennt man den Kunden im Projekt „Abnehmer".** Alterna-

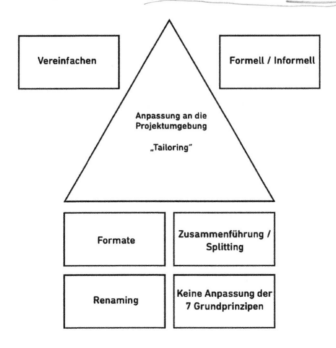

tiv werden Rollen in PRINCE2 an die bestehenden Rollen eines Unternehmens angepasst. Diese Hintertür benutzt PRINCE2 für Unternehmen und Menschen, die mit dem Mindset „Es bleibt alles so wie es ist" an den Tag gehen. Mit diesem Trick kann ein PRINCE2-Projektmanager den Stakeholdern des Projekts das Gefühl geben, dass alte Strukturen (vor allem seine gefühlte Macht) bestehen bleiben können, aber dennoch neue und bessere Methoden eingeführt werden.

Nicht angepasst werden hingegen die 7 Grundprinzipien. Diese bleiben im vollen Maße bestehen.

Wenn man sich diese Vorschläge zur Anpassung von PRINCE2 anschaut, wird man erkennen, dass diese vereinzelt Sinn machen, vereinzelt sehr ähnlich sind bzw. einen sehr ähnlichen Sinn verfolgen, nämlich der Anpassbarkeit auf die Gegebenheiten und manche Vorschläge aus purem Überlebenswillen von PRINCE2 innerhalb von alten und „es-ändert-sich-nichts"-getriebenen Unternehmen vorgeschlagen werden.

1.9 Spezialisten- vs. Managementprodukte

Um die Vorgehensweise von PRINCE2 besser für sich nachvollziehen zu können, ist das Verständnis des Unterschiedes von den in PRINCE2 genannten Spezialisten- und Managementprodukten überaus sinnvoll. Gerade auch in Bezug auf das Grundprinzip der Produktorientierung wird klar, dass innerhalb von PRINCE2 kein generierter Output als Produkt gewertet wird. Zu unterscheiden sind hier lediglich die beiden Ausprägungen eines Produkts: Spezialisten- und Managementprodukt.

Ein Spezialisten-Produkt ist nicht ein von PRINCE2 vorgegebenes Ergebnis, sondern ein vom Projekt geliefertes (Teil-)Produkt. Somit wird klar, dass dieses in seiner Art und Güte keinesfalls von PRINCE2 vordefiniert ist. Die Art und Güte hängt ganz alleine von der Qualität bzw. den Anforderungen der Projektkundenseite ab. „Spezialist" auch deswegen, da die Erstellung a) sehr speziell ausfällt und b) von Spezialisten, nämlich den Teammitgliedern getrieben wird. Ein Beispiel für ein Spezialisten-Pro-dukt könnte

1.9 Spezialisten- vs. Managementprodukte

das Haus der Olympioniken sein. Aber auch die komplett fertig gemanagte Olympiade an sich stellt ein Spezialistenprodukt, nämlich das Projektendprodukt, dar.

Ein Managementprodukt hingegen ist u.a. ein von PRINCE2 vordefiniertes Produkt, das zur Unterstützung des Projektmanagements entwickelt werden soll. Hierzu werden in der Originalliteratur 26 Stück im Anhang A) und in dem angehängten Glossar genauer beschrieben. Darüber hinaus gibt es natürlich noch von Projekten selbst entwickelte Managementprodukte, die dem rein administrativem Management des Projekts dienen. Sieht man sich die von PRINCE2 beschriebenen Managementprodukte an, so fällt auf, dass diese in ihrer Fülle durchaus ausreichend sind, um ein Projekt erfolgreich zu managen. So finden sich u.a. projekttypische und bekannte Managementprodukte wie ein Projektplan, eine Projektbeschreibung und ein Projektstatusbericht in der Terminologie wieder, aber auch neue und nicht allzu bekannte Ansätze wie ein Projekttagebuch oder einen Änderungssteuerungsansatz.

Spezialistenprodukt	Managementprodukt
Von Projekt erstellt / gelieferter Output	Dokumente, um Projekt zu steuern
Haus	Projektplan
Tür	Business Case
Service oder Prozess	LA Unterlage

Im Rahmen des Grundprinzips der Anpassung an die Projektumgebung muss an dieser Stelle ausdrücklich erwähnt werden, dass die Verwendung der Managementprodukte in der in Anhang A) beschriebenen Fülle natürlich nur im projektentsprechenden Umfang möglich ist. Ansonsten ist es selbsterklärend, dass die Dokumentenstruktur so klein als möglich gehalten werden sollte, um den vom Projekt miteinhergehenden administrativen Overhead auf ein Minimum zu reduzieren. Im Grunde genommen sind Managementprodukte ein von PRINCE2 vorgegebenes Toolset, das man nutzen kann, aber nicht muss.

In vorigem Schaubild sind nochmal die Unterschiede zwischen Spezialisten- und Managementprodukte prägnant beschrieben und anhand einiger Beispiele greifbar gemacht.

1.10 Übungsfragen zu Kapitel 1 – Grundlagen

Hinweis: Es kann nur eine Antwort richtig sein. Die Auflösung findest Du in Kapitel 8.

[1] Welche Aussagen über die Stakeholder eines Projekts sind richtig?
1. Ein Stakeholder ist jemand, der glaubt, er werde von einem Projekt betroffen sein.
2. Die Stakeholder müssen vom Projektmanagement-Team gleichermaßen einbezogen werden.
3. Die Stakeholder bleiben während des Projekts unverändert.
4. Ein Stakeholder kann sich innerhalb oder außerhalb der Unternehmensorganisation befinden.

- ☐ A 1 und 2
- ☐ B 2 und 3
- ☐ C 3 und 4
- ☐ D 1 und 4

[2] Was wird bei der Anpassung von PRINCE2 an das Projekt definiert?
- ☐ A Wann der Projektfortschritt geprüft wird
- ☐ B Welche der sechs Toleranzbereiche einbezogen werden
- ☐ C Welche Interessen wichtiger Stakeholder vertreten werden
- ☐ D Wann die Projekt-Outputs geliefert werden

[3] Welche Aussage über das Grundprinzip „Fortlaufende geschäftliche Rechtfertigung" ist richtig?
- ☐ A Die Rechtfertigung für obligatorische Projekte bedarf keiner Genehimigung.
- ☐ B Es darf keine Änderung für die Gründe eines Projekts geben.

☐ C Die formelle Dokumentation eines Business Case ist obligatorisch.
☐ D Die gewählte Option muss ein gutes Preis-Leistungs-Verhältnis bieten.

[4] **Wie findet das Grundprinzip „Lernen aus Erfahrung" Anwendung?**

☐ A Durch Überprüfung des Managements frührerer Projekte
☐ B Durch Definieren der Kundenerwartungen hinsichtlich des Projektprodukts
☐ C Durch Definieren von Kostentoleranzen für die Ziele des Projekts
☐ D Durch Delegieren von Verantwortlichkeiten auf eine andere Managementebene

[5] **Aus welchem der folgenden Gründe muss das Grundprinzip „Definierte Rollen und Verantwortlichkeiten" angewendet werden?**

☐ A Weil jedes Projekt einen einzigartigen Output hat.
☐ B Weil mehr als ein Bereich an dem Projekt beteiligt sein kann.
☐ C Weil Projekte doppelte und inkonsistente Ziele haben können.
☐ D Weil Phasen Kontrollpunkte für die Geschätsleistung bieten.

[6] **Was wird als Verantwortlichkeit des Kunden in der Kunden-/Lieferanten-Umgebung von PRINCE2 angesehen?**

☐ A Spezifikation des gewünschten Ergebnisses
☐ B Bereitstellung der Fähigkeiten zum Erzielen des gewünschten Ergebnisses
☐ C Gewährleistung der technischen Integrität eines Projekts
☐ D Entwicklung des Projektprodukts

[7] **Welche zwei Aussagen über Anpassung sind richtig?**

1 Prozesse können vereinfacht oder detaillierter ausgeführt werden.

1.10 Übungsfragen zu Kapitel 1 – Grundlagen

2. Die Terminologie kann geändert werden, sodass sie zu den organisatorischen Standards passt.
3. Themen, die für das Projekt nicht relevant sind, können ausgeschlossen werden.
4. Mitglieder des Projektmanagement-Teams können jede Kombination von Rollen übernehmen.

- ☐ A 1 und 2
- ☐ B 2 und 3
- ☐ C 3 und 4
- ☐ D 1 und 4

[8] Was ist ein Unterschied zwischen einem Projekt und normalem Geschäftsbetrieb?

- ☐ A Es erzielt Nutzen.
- ☐ B Es führt Veränderungen im Geschäftsbetrieb ein.
- ☐ C Es betreibt Stakeholdermanagement.
- ☐ D Es verursacht Kosten.

[9] Welche Dimension der Projektleistung muss gemanagt werden, um eine klare Vorstellung davon zu haben, was das Projekt liefern soll?

- ☐ A Zeit
- ☐ B Umfang
- ☐ C Risiko
- ☐ D Kosten

[10] **Welches ist einer der vier integrierten Bausteine innerhalb von PRINCE2?**
- ☐ A Qualität
- ☐ B Rollenbeschreibungen
- ☐ C Prozesse
- ☐ D Produktbeschreibungen

[11] **Wie wird „Steuern nach dem Ausnahmeprinzip" angewandt?**
- ☐ A Durch Unterteilung des Projekts in mindestens zwei Managementphasen
- ☐ B Durch Steuerungselemente, die die höhere Managementebene vor potenziellen Problemen warnen
- ☐ C Durch Sicherstellung, dass das Projekt weiterhin wünschenswert, realisierbar und erreichbar ist
- ☐ D Durch Bereitstellen von Erfahrungen, um Fehler aus vorherigen Projekten zu vermeiden..

[12] **Was ist ein Nutzen bei der Anwendung des Grundprinzips „Steuern über Managementphasen"?**
- ☐ A Das Projektmanagement-Team wird die zugelassenen Toleranzen verstehen.
- ☐ B Das Projektmanagement-Team wird die Erwartungen des Kunden verstehen.
- ☐ C Das Projekt wird über Prüf- und Entscheidungspunkte zur Bewertung des Fortschritts verfügen.
- ☐ D Die wichtigsten Stakeholder im Projekt werden im Lenkungsausschuss repräsentiert.

[13] **Welchen Vorteil bietet der Einsatz von PRINCE2?**

- ☐ A Es bietet bewährte und fundierte Best Practices und Governance-Aspekte für Projektmanagement.
- ☐ B Es stellt Techniken zur Analyse des kritischen Pfads sowie zur Leistungswertanalyse.
- ☐ C Es legt die Rechenschaftspflicht eines Projektmanagers bezüglich des Erfolgs eines Projekts fest.
- ☐ D Es verhindert Änderungen, nachdem der Projektumfang vereinbart wurde.

2 Projektvorbereitung

2.1 Prozess: Vorbereiten eines Projekts | Starting Up a Project (SU)

Der Zweck des Prozesses „Vorbereiten eines Projekts" dient dazu, mit geringstmöglichem Mittelaufwand herauszufinden, ob es sich um ein durchführbares und lohnendes Projekt handelt. Ferner geht es darum, die Projektinitiierung vorzubereiten und erste Verantwortlichkeiten für die Durchführung des Projekts zu definieren.

Bereits vor Beginn des Projekts startet dieser Prozess. Oft wird in der Praxis dieser Prozess einer Phase gleichgestellt, in PRINCE2 jedoch nur als Prozess. Der Auslöser, also der Input für den Prozess, ist das Projektmandat. Dieses ist ein Managementprodukt, welches mit notwendigen Informationen hinsichtlich erster Projektinformationen ausgestattet ist.

Durch den Prozess „Vorbereiten eines Projekts" soll sichergestellt werden:

1. **... dass alle für die Initiierung notwendigen Rollen und Verantwortlichkeiten geklärt sind**[1)]

Wie in folgendem Schaubild zu sehen, ist die Klärung von Rollen und Verantwortlichkeiten einer der ersten Schritte. Durch den Schritt „Auftraggeber und Projektmanager ernennen" soll sichergestellt werden, dass bereits vor Projektbeginn die richtigen und wichtigsten Personen zur Steuerung und zum Management eines Projekts vorhanden und benannt sind. Die genauen Beschreibungen der Rollen des Projektmanagers und Auftraggebers werden dann im Thema „Organisation" in Abschnitt 2.3 beschrieben. In diesem Prozessschritt wird im Übrigen auch das Projekttagebuch erstellt.

2 Projektvorbereitung

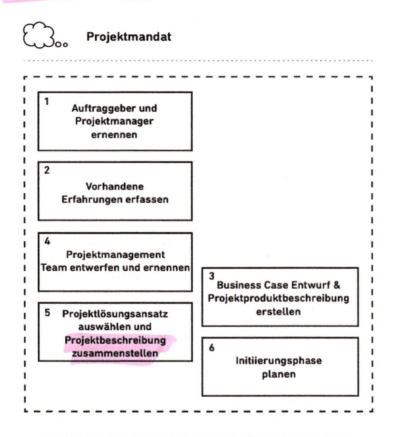

Das Projekttagebuch wird in der PRINCE2-Terminologie als ein sehr informelles Managementprodukt beschrieben. Es dient dem Projektmanager als – salopp gesagt – Notizblock; als Notizblock für sämtliche Anliegen, die innerhalb eines Projekts anfallen. In der Praxis spricht man hierbei auch oft von einer Todo-Liste des Projektmanagers. Zu beachten ist hierbei, dass ausschließlich der Projektmanager selbst die Kompetenz besitzen sollte, dieses Managementprodukt zu pflegen und zu lesen.

Im dritten Prozessschritt des Schaubilds geht es darum, eine erste Indikation der Projektmanagementteams zu entwerfen und zu ernennen. Erste Indikation deswegen, da natürlich innerhalb der Projektinitiierung und den darauffolgenden Projektphasen eine Änderung des Projektteams möglich, sogar üblich ist. Kaum ein Projekt, vor allem umfangreiche, komplexe und langlaufende, kommen ohne Änderungen innerhalb Ihrer Projektorganisation aus.

Die hier beschriebenen Aktivitäten von PRINCE2, spiegeln vor allem das Grundprinzip der **„definierten Rollen und Verantwortlichkeiten"** wider. Als Thema wird hier das Thema „**Organisation**" behandelt, welches sich vor allem mit den Rollen und Projektorganisationsstrukturen auseinandersetzt.

2. **... dass so viele Erfahrungen wie möglich in Form eines Erfahrungsprotokolls niedergeschrieben sind**[2]

Im zweiten Prozessschritt **„Vorhandene Erfahrungen erfassen"** sollen das erste Mal, schon bereits vor Beginn des Projektvorhabens, Erfahrungen positiver und negativer Natur besprochen und niedergeschrieben werden. Ziel es ist, anhand des Managementprodukts „Erfahrungsprotokoll", eventuelle Do´s und Dont´s aus Vorgängerprojekten zu erfassen, um so die aktuell anstehende Projektinitiierung, aber auch die kommende Projektdurchführung so effizient wie möglich zu gestalten.

Das Erfahrungsprotokoll ist eine sich im Laufe des Projekts dauerhaft anpassende Liste aus gemachten Erfahrungen, zum Beispiel aus Vorgänger-Projekten. Dauerhaft bedeutet hierbei, dass dem Grundprinzip „Lernen aus Erfahrung" dahingehend nachgekommen werden muss, als dass nicht nur einmal zu Beginn und einmal zum Ende eines Projekts über Erfahrungen gesprochen werden soll, sondern im Grunde genommen am Ende jeder Phase die Erfahrungen der letzten Phase notiert werden sollen. Oft wird dies auch als „Lessons Learned" bezeichnet.

3. ... dass die Initiierung wirtschaftlich in Form des Business-Case-Entwurfs gerechtfertigt ist[3)]

Wenn wir uns an das Grundprinzip der fortlaufenden geschäftlichen Rechtfertigung zurückerinnern, wird klar, dass es im Rahmen eines Projekts bzw. hier im Rahmen der Projektvorbereitung einen Zeitpunkt geben muss, an dem man das erste Mal die geschäftliche Rechtfertigung aufzeigt. Dies geschieht im Prozessschritt 4 des Schaubildes. Hier erstellt man den so genannten „Business-Case-Entwurf".

Der Business-Case-Entwurf enthält, wie der Name schon vermuten lässt, nur erste Bestandteile des umfangreichen „Business Case". Grund hierfür ist, dass man innerhalb der Projektvorbereitung ja mit einem sehr kosten- und zeitgünstigen Ansatz herausgefunden werden soll, ob sich das Projekt lohnt. Die Zeit mit einer umfangreichen Business-Case-Erstellung zu verbringen wäre daher nicht zielführend. Die Bestandteile der abgespeckten Variante – dem Entwurf – sind in erster Linie Gründe und Optionen. Bei der Vorbereitung auf ein Projekt konzentriert man sich oft darauf, **WAS** getan wird. Das **WARUM** wird hierbei oft außen vor gelassen. Hierbei soll die PRINCE2-Terminologie, mit Hilfe der Gründe, innerhalb des Business-Case-Entwurfes Abhilfe schaffen. Ferner sollen die Gründe eine Erläuterung bieten, wie das Projekt die Strategien und Ziele des Unternehmens unterstützt. Ein Grund, die Olympiade innerhalb von London stattfinden zu lassen, könnte aktuell die stagnierende wirtschaftliche Situation Londons gewesen sein. Wichtig bei der Definition von Gründen ist, dass diese vergangenheits- bzw. gegenwartsbezogen sind.

Die Optionen innerhalb des Business-Case-Entwurfs beinhalten eine Analyse und begründete Empfehlung für eine der vom Projekt gewählten Optionen. Die Optionen, der wirtschaftlichen Situation von London entgegenzuwirken könnten a) die Olympiade und b) die Austragung der Fußball-Weltmeisterschaft sein. Bei den Optionen sollte auch immer die Null-Option mit dargestellt werden: also was würde passieren, wenn nichts getan wird.

Die hierfür benötigten Informationen erlangt der Projektmanager, welcher im Übrigen gemeinsam mit dem Auftraggeber den Business-Case-Entwurf erstellt, aus dem Projektmandat und dem bereits angefertigten Erfahrungsprotokoll.

4. ... dass ein erster Entwurf der Projektproduktbeschreibung vorhanden ist[4)]

Bereits vor Beginn eines jeden Projekts muss man sich über das fertige Endprodukt Gedanken machen. Umso konkreter, desto besser kann man planen, desto mehr wird man im Laufe des Projekts aufgrund sich verändernder Anforderungen der Kundenseite abändern müssen. Eine Musterlösung, wie granular man planen sollte, gibt es nicht, auch nicht in der PRINCE2-Terminologie.

In PRINCE2 wird die Beschreibung des am Ende vom Projekt zu liefernden Produkts als Projektproduktbeschreibung bezeichnet. Diese beschreibt sämtliche Anforderungen des Kunden an das zu liefernde Produkt. Klar ist hierbei, dass dies ein lebendiges Managementprodukt ist. Das bedeutet, dass im Laufe des Projekts sich ergebende Änderung der Anforderungen an das Endprodukt ebenfalls in der Projektproduktbeschreibung niedergeschrieben werden soll.

Die im Vorbereiten eines Projekts erstellte Projektproduktbeschreibung stellt somit zwar eine vollkommene Projektproduktbeschreibung, jedoch noch lange keine finale bzw. fertige Projektproduktbeschreibung dar. Vielmehr ist es deren erste Iteration.

5. ... dass die Alternative, wie das Projekt durchgeführt werden könnte, bewertet und ausgewählt wurde[5)]

Wie wird das Projekt durchgeführt? Schaffen wir es, die Olympiade selbst auf die Beine zu stellen oder benötigen wir dafür einen Dienstleister, an den wir die Organisation outsourcen? Die Antwort auf diese Art von Fragen findet sich im Projektlösungsansatz.

Der Projektlösungsansatz beschäftigt sich klassischerweise mit der Make-or-Buy- Entscheidung. Wird das Projektendprodukt von einem selbst im Rahmen des Projekts erstellt oder kümmert sich ein externer Dienstleister um die Erstellung?

Hat man diese und weitere Informationen bzw. weitere Managementprodukte zusammengetragen, erstellt man aus dieser Sammlung an wichtigen Managementprodukten aus dem Prozess „Vorbereiten eines Projekts (SU)" ein Art Managementprodukt Management Summary, genannt Projektbeschreibung. Mehr hierzu in Abschnitt 2.2.

6. **… dass die für die Initiierungsphase notwendigen Arbeiten in Form eines Initiierungsphasenplans dokumentiert worden sind**[6]

Wie in den vorhergegangenen Zeilen bereits ersichtlich wurde, ist innerhalb der PRINCE2-Terminologie, eine Einteilung in Phasen außerordentlich wichtig. Um jeder Phase die Chance zu geben, von Anfang bis Ende hoch professionell und annähernd fehlerfrei gemanagt zu werden, ist eine gute vorgegangene Planung von Nöten. Das erste Mal kommt diese Planung im Prozess „Vorbereiten eines Projekts" zum Tragen. Nämlich dann, wenn die Initiierungsphase des anstehenden Projekts geplant werden muss.

Am Ende der Projektvorbereitung muss ein fertiger Initiierungsphasenplan erstellt worden sein. Dieser Plan dient dazu, erste Zeit- und Kostenbeschränkungen für die Initiierungsphase festzulegen und im Rahmen dessen eventuell erste Produktbeschreibungen für die Erstellung innerhalb der Initiierungsphase zu entwickeln.

Der Prozess „Vorbereiten eines Projekts (SU)" schließt mit dem so genannten Antrag auf Projektinitiierung[7] ab. Dieser Antrag ist innerhalb von PRINCE2 nicht sehr ausführlich beschrieben.

In der Praxis ist dieser Antrag oft als Projektantrag benannt, der mit einer großen Anzahl an bereits klaren Projektrahmenbedingungen befüllt ist. Diese sind neben Zeit, Kosten und Qualität auch oft eine erste Indikation benötigter Ressourcen.

2.2 Die Projektbeschreibung

Wie in Abschnitt 2.1 erwähnt, stellt die Projektbeschreibung eine erste grobe Management Summary dar. Sie beinhaltet die wichtigsten von dem Prozess „Vorbereiten eines Projekts (SU)" zu liefernden Managementprodukte. Diese sind:

- das Organigramm [1]
- die Projektproduktbeschreibung [2]
- der Projektlösungsansatz [3]
- der Business-Case-Entwurf [4]
- sowie etwaige Verweise auf andere Managementprodukte [5]

Die Projektbeschreibung wird benötigt, damit der Lenkungsausschuss, also das Komitee, welches letztendlich über die Projektparameter entscheidet, alle notwendigen Informationen zur Genehmigung der Projektinitiierung erhält.

Innerhalb des Prozesses „Initiieren eines Projekts (IP)" werden die Inhalte der Projektbeschreibung in ergänzter und optimierter Form in die Projektleitdokumentation übernommen. Die Projektbeschreibung wird daraufhin nicht weiter fortgeführt. Mehr hierzu in Abschnitt 3.3.

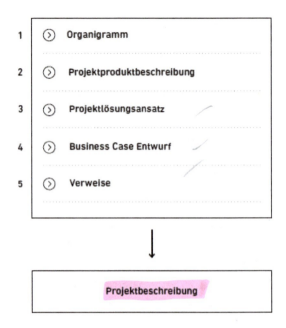

2.3 Thema Organisation

Das erste Thema innerhalb der PRINCE2-Terminologie, mit dem wir uns näher beschäftigen, ist das Thema „Organisation". Das Wort „Organisation" stellt für viele Leute erstmal ein Stolperstein dar. Geht es hierbei um die grundlegende Organisation innerhalb eines Unternehmens oder innerhalb der Linienorganisation? Bei „Organisation" geht es vielmehr um das Thema „Projektorganisation".

Zweck des Themas „Organisation" ist die Evaluierung und Festlegung der Organisationstruktur, die Zuordnung der Rollen und Verantwortlichkeiten und deren Kompetenzen. Wie man hier schon sehr schön herauslesen kann, ist der Unterpunkt ‚Rollen und Verantwortlichkeiten' eine wichtige Kernfragestellung von PRINCE2, weshalb auch ein eigenes Grundprinzip dieser Fragestellung gewidmet wurde. Und genau diesem Grundprinzip „Definierte Rollen und Verantwortlichkeiten" kommen wir in dem Thema „Organisation" nach.

Innerhalb von PRINCE2 gibt es eine Vielzahl an Rollen, welche wir im folgenden Abschnitt näher beschreiben werden. Hierbei ist das Wort „Rolle" keinesfalls personenbezogen. So sollte die Rolle des Projektmanagers zum Beispiel nur von einer Person besetzt sein, wohingegen die Rolle des Teammanagers an eine Vielzahl an Personen übergeben werden kann.

2.3.1 Die drei Projektinteressen

Die PRINCE2-Terminologie geht davon aus, dass es auf einem Projekt immer drei grundsätzliche Interessensgruppen gibt. Diese gelten als die wichtigsten Stakeholder eines Projekts. Sowohl die Bedürfnisse als auch die Anforderungen aller drei Interessensgruppen müssen erfüllt werden, damit ein Projekt erfolgreich ist.

Diese drei Projektinteressen splitten sich in das Unternehmen-, die Benutzer- und die Lieferantenseite auf. Gleichzeitig stellen diese drei Interessengruppen auch den Lenkungsausschuss dar.

Nicht selten kommt die Konstellation zustande, dass die Unternehmensseite, in der Logik von PRINCE2, jene Personen abbilden, die als Geldgeber fungieren, mit der Benutzerseite, also jene Personen, welche das vom Projekt gelieferte Endprodukt in ihrer täglichen Arbeit benutzen, eine Person abbilden.

PRINCE2 spricht in dieser Logik daher immer von einer Kunden-Lieferantenbeziehung. Im Übrigen auch dann, wenn das Unternehmen für sich selbst ein Projekt auf die Beine stellt. Hier nimmt dann die Fachabteilung, welche für die Lieferung des Projekt die Verantwortung hat, die Lieferantenseite ein.

Am verständlichsten wird es anhand eines **Beispiels**:

Hartmut, Abteilungsleiter der Finanz-Abteilung einer Bank, möchte für seine Abteilung ein neues Tool zur Vereinfachung der Überweisungen einführen.

Hartmut stellt, da er mit dem Tool arbeiten wird, die Benutzerseite dar.

Um für das Projekt zu werben und um für das Projekt das notwendige Budget zu bekommen, trifft er sich mit seinem Bereichsleiter Michael. Michael verfügt über sehr viel Budget und ist bekannt dafür, es ohne lange zu überlegen auszugeben. Hartmut überredet Michael schließlich, ihm für sein Vorhaben 1,5 Mio. Euro zur Verfügung zu stellen.

Michael stellt somit die Rolle des Unternehmensvertreters, also des Auftraggebers dar, da er die Budgetverantwortung trägt.

Nun treffen sich Michael (Auftraggeber) und Hartmut (Benutzer) mit den potenziellen externen Toolherstellern, um sich für ein Tool und damit für einen Partner zur Umsetzung des Projekts zu entscheiden.

Markus vertritt seinerseits die marktführende und unabhängige Finance-Unternehmensberatung Litestern *(Fantasiename)*. Er bekommt den Zuschlag für das Projekt und nimmt somit die Rolle des Lieferantenvertreters ein.

Wie im folgenden Schaubild zu sehen, ergibt sich durch die Konstellation von Hartmut (Benutzer), Michael (Auftraggeber) und Markus (Lieferant) die in PRINCE2 benannte Kunden-Lieferantenbeziehung.

Nimmt man nun in dem Beispiel an, dass Hartmut als Abteilungsleiter eigene Budgetverantwortung trägt, könnte sich die Rolle von Michael als Auftraggeber als obsolet erweisen. Hartmut übernimmt damit die Rolle des Benutzers als auch das Auftraggeber (Unternehmensvertreters).

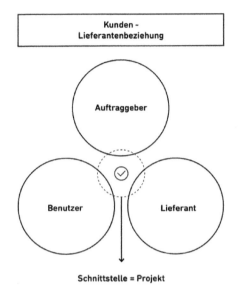

2.3.2 Das Projektmanagementteam

Das Projektmanagementteam bildet sozusagen die Projektorganisation. Hier sind alle Rollen enthalten, die laut der PRINCE2-Terminologie in einem vollumfänglichen Projekt dazugehören. Hierbei ist natürlich das Grundprinzip der „Anpassung an die Projektumgebung" nicht zu vergessen, da die Projektstruktur der Olympiade sicherlich der PRINCE2-Musterorganisation von der Auslastung der vorgegebenen Rollen näherkommt, als es ein kleines Baumhausprojekt der Tochter tut.

Im Folgenden wird jede Rolle der PRINCE2-Terminologie auf ihre Verantwortung, ihrer Notwendigkeit und ihrer Voraussetzung an die Person dahinter, beschrieben.

Der Lenkungsausschuss[1]

Der Lenkungsausschuss stellt das Entscheidungskomitee innerhalb der Projektorganisation dar. Er übernimmt das Lenken eines Projekts im Sinne des „accountable". Er hat im Rahmen der Vorgaben des Unternehmens- oder Programmmanagements die Gesamtverantwortung und Gesamtvollmacht für das Projekt. Darüber hinaus ist er für die Kommunikation zwischen dem Projektmanagementteam und den Stakeholdern, insbesondere dem Projekt- und Programmmanagement, zuständig. Je nach Scope des Projekts können die Mitglieder des Lenkungsausschusses zusätzlich einige Projektsicherungsaufgaben an andere Einzelpersonen delegieren. Ferner ist der Lenkungsausschuss befugt, die Kompetenz über Änderungen an die Änderungsinstanz zu delegieren.

Mitglieder des Lenkungsausschusses sind die bereits in Abschnitt 2.3.1. beschriebenen Rollen: „Benutzer"-, „Lieferant"- und „Unternehmensvertreter" bzw. Auftraggeber. Mehr hierzu in den folgenden Beschreibungen.

Auftraggeber[2]

Der Auftraggeber stellt den Vorsitz innerhalb des Lenkungsausschusses dar. Er trägt die Gesamtverantwortung für das Projekt und hat dafür Sorge zu tragen, dass die vorgegebenen Ziele erreicht und der geplante Nutzen erzielt werden. Er hat sicherzustellen, dass das Projekt möglichst direkt auf die angestrebten Ziele zusteuert, dass die Vollmachten eindeutig festgelegt sind und dass sowohl die anstehenden Arbeiten als auch die Risiken aktiv gemanagt werden. Umgangssprachlich ist der Auftraggeber auch als Unternehmensvertreter, Executive oder Projektsponsor bekannt.

Hier findet das Highlander-Prinzip Anwendung: *Es kann nur einen geben!* Ein zweiter Auftraggeber würde innerhalb eines Projekts durch die gleiche dahinter sich verstehende Kompetenz für Unruhe und gegebenenfalls sogar für Stillstand sorgen.

Benutzervertreter[3]

Der Benutzervertreter lässt – im Rahmen seiner Rolle im Lenkungsausschuss – seine Anforderungen verlauten. Er vertritt den Teil der Stakeholder, der mit den vom Projekt zu liefernden Produkten arbeitet; sie namensgemäß benutzt. Darüber hinaus stellt er die Person dar, welche ihre Anforderungen an das Projektendprodukt definiert und diese, im Rahmen der finanziellen Möglichkeiten des Auftraggebers, abstimmt. Da ein Projektendprodukt oftmals von mehreren Personen oder Personenkreisen benutzt werden kann, sind mehrere Benutzervertreter durchaus möglich, meistens sogar üblich.

Lieferantenvertreter[4]

Der Lieferantenvertreter bildet den letzten Teil des Lenkungsausschusses. Er vertritt die Interessen der Parteien des Projekts, die für den Entwurf, die Entwicklung und die Realisierung des Produkts des Projekts verantwortlich sind. Er ist für die Qualität der zuliefernden Produkte verantwortlich. Je nach Art des Projekts kann der Lieferantenvertreter entweder als Externer des Unternehmens oder als interner Lieferverantwortlicher innerhalb des Lenkungsausschusses agieren. Auch der Lieferantenvertreter, insbesondere bei Großprojekte wie der Olympiade, wird auf der Lieferseite durch eine Vielzahl von Vertretern der internen und externen Zuliefererseite vertreten sein.

Projektsicherung[5]

Die Projektsicherung stellt den verlängerten Arm des Lenkungsausschusses dar. Sie ist für die Wahrnehmung der Interessen des Lenkungsausschusses innerhalb der Projektorganisation da. Die Aufgabe kann innerhalb kleinerer Projekte vom Lenkungsausschuss selbst übernommen werden, wird in der Regel aber als Rolle weiter an unabhängige Personen delegiert. Die Unabhängigkeit bezieht sich in diesem Zusammenhang auf das Projektteam, da dieses von der Projektsicherung auditiert wird. Eine sich ausschließende Rollenkombination ist zum Beispiel Projektsicherung und Projektmanager. In der Praxis trifft diese Rolle sehr passend auf Projektcontroller zu. Aber auch eine Projektrevision kann durchaus die Rolle der Projektsicherung einnehmen.

Änderungsinstanz[)]

Innerhalb jedes Projekts kommen während der Projektlaufzeit eine Vielzahl an Änderungen auf das Projektteam und das vom Projektteam zu liefernde Projektendprodukt zu: Änderungen, die sich durch Risiken ergeben, Änderungen, die sich durch neue Wünsche der Benutzerseite ergeben. Innerhalb von PRINCE2 gibt es für eine richtige Steuerung dieser Änderungen das namensgleiche Thema „Änderungen". Innerhalb des Themas „Organisation" gibt es darüber hinaus jedoch noch eine Rolle, die sich innerhalb der Projektorganisation um das Thema und die anfallenden Änderungen bemüht: die Änderungsinstanz. Dieser besitzt die Kompetenz, über Änderungen zu entscheiden. Die Änderungsinstanz ist nicht zwingend – wie der Name vermuten lässt – ein Komitee, sondern besteht vielmehr aus einzelnen Personen innerhalb des Projektteams, die in unterschiedlichen Bereichen unterschiedliche Arten von Änderungskompetenz seitens des Lenkungsausschusses delegiert bekommen haben. Der englische Begriff aus der Originalliteratur unterstreicht diese Definition des Änderungsinstanz sehr gut: Im Englischen als „Change Authority" bezeichnet, beschreibt dieser Begriff übersetzt eine Autorität, eine Kompetenz, welche über Änderungen entscheidet, kein Komitee, wie es der deutsche Begriff auf Anhieb vermuten lässt.

Die Änderungsinstanz muss innerhalb eines Projekts über die Änderungsanforderungen entscheiden. Daher sind eine hohe Verantwortung und eine hohe Identifizierung der Ziele des Benutzervertreters notwendig. In kleinen Projekten übernimmt der Lenkungsausschuss selbst die Rolle der Änderungsinstanz. Auch ist es nicht unüblich, dass diese Rolle vom Projektmanager übernommen wird.

Projektmanager[7)]

Das Abwickeln der täglichen koordinativen Tätigkeiten gehört zu den Hauptaufgaben des Projektmanagers. Er ist innerhalb der einzelnen Managementphasen dafür zuständig, dass das Projekt die für die Phase vereinbarten Produkte innerhalb der vereinbarten Zeit, der Kosten und der Qualität liefert und dabei den Umfang, den Nutzen und die Risiken im tolerierten Bereich hält. Kurz gesagt: Er muss innerhalb der Managementphasen die vereinbarten Toleranzen einhalten. Auch hier kommt wieder das Highlander-Prinzip zur Anwendung: *Es kann nur einen geben!*: **ein** Projektmanager.

Oft wird in der Praxis ein sehr spezialisierter Projektmanager eingesetzt. Ein Projektmanager, der über umfangreiche Fachkenntnisse verfügt. Das hat zur Folge, dass jene Projektmanager mit ihren Teilprojektleitern in tiefe fachliche Diskussionen abtauchen; Diskussionen, die meistens während großen Teilprojektleiter-Meetings oder Jour Fixen stattfinden. Also genau dann, wenn hochbezahlte Projektmitarbeiter zusammensitzen und Zeit kostbar ist. Das sollte nicht passieren. Aber dass Projektmanager in so genanntes Mikromanagement, also Management von extrem kleinen und eigentlich außerhalb ihrer Kompetenz liegenden Themen, abtauchen, ist leider gang und gäbe. Dass ein Projektmanager ein intensives fachliches Know-how besitzen muss, ist sowohl nach der Aussage der PRINCE2-Terminologie als auch nach unserer praktischen Erfahrung nicht notwendig; sogar radikal falsch! Hierbei liegt die Betonung auf der Intensität des fachlichen Know-hows. Im Laufe eines Projekts findet auch ein fachlich komplett unerfahrener Projektmanager Zugang zu den fachlichen Themen, wird sie aber in aller Regel nicht allzu tiefgehend bestimmen.

Nun stellt sich sicher die Frage, welche Kompetenz ein Projektmanager mitbringen muss und wie ein Projektmanager sein minimal fachliches Know-how ausgleichen soll. Oder muss er das überhaupt?

Die Kompetenzen eines Projektmanagers sollten unter anderem sein:

- **Planung**: Eine wichtige Kernkompetenz eines Projektmanagers sind die Planung und die Fähigkeit, „um die Ecke zu denken". Es geht darum, aufeinander aufbauende Fragestellungen im Anfangszustand zu identifizieren und auf Basis von Annahmen eine höchst zutreffende Planung zu bezwecken.

- **Zeitmanagement**: Die meisten Projekte erhalten wegen zwei Faktoren ein negatives Image: Geld- und Zeitüberschreitung. Das Zeitmanagement an sich ist in der Geschichte der Menschheit eines der anspruchsvollsten Themen. Das liegt daran, dass Zeit nicht beinflussbar ist. Was hingegen beinflussbar ist, ist jene Arbeit, die man innerhalb eines Tages bzw. Arbeitstages verrichten kann. Das ist der Gedanke von Zeitmanagement: das effiziente Management von Workload innerhalb einer vorgegebenen Zeit. Die Zeit an sich bleibt dabei vollkommen unberührt.
- **Mitarbeitermanagement**: Ein Projektmanager hat in seiner Rolle als Führungskraft eines Projekts in der Regel eine Vielzahl an Mitarbeitern zu managen und zu führen: Managen im Sinne der Ressourcenplanung. Zugegeben ist das ein Teilbereich der oben beschriebenen Planung, jedoch geht das operative Management der Mitarbeiter über die Planung, welche ja nur punktuell zukunftsorientiert durchgeführt wird, hinaus. Beim Management der Mitarbeiter geht es um Themen wie Projekt-Onboarding, also die Neuaufnahme und Einarbeitung von neuen Mitarbeitern, um Themen wie Staffing, also die Vergabe von Personentagen von der Linie hinaus an Teilprojektleiter bzw. Teammanager etc.
- **Problemlösung**: Eine der wohl wichtigsten Kompetenzen von Projektmanagern ist die Lösungsorientierung. Oft laufen einem Projektmanager oder Mitarbeiter über den Weg, die den ganzen Tag nur über Probleme sprechen: „das funktioniert nicht", „das läuft schief", „die Person möchte nicht richtig mitarbeiten" etc.

Ein Projekt ist mit Problemen überhäuft. Jeder innerhalb des Projekts steht vor neuen Herausforderungen. Unternehmen führen ein Projekt in der Regel immer nur einmal durch, daher ist alles neu. Diese Faktoren stellen den Projektmanager schon vor genug Hürden. Sich hierbei intensiv über Probleme zu unterhalten ist schlichtweg falsch. Hierfür besteht nicht die Zeit. Wenn etwas schlecht gelaufen ist, kann man es nicht mit einer Vergangenheitsbewältigung beheben. Vielmehr geht es darum, sich mit seinen fachlichen Ansprechpartnern Gedanken über eine Lösung der Probleme zu machen.

- **Kommunikation**: Einer der Schlüsselkompetenzen ist die Kommunikation. Es ist essentiell, dass ein Projektmanager innerhalb des Projekts in ständiger Kommunikation mit seinen Projektmitarbeitern und den Stakeholdern steht. Hierbei ist zu beachten, dass diese umgekehrt auch in kontinuierlicher Kommunikation mit ihm stehen müssen. In der sich schnell ändernden Projektwelt ist Kommunikation essentiell, um das Projekt „nicht aus der Hand zu geben", also das Projekt erfolglos abzuschließen.
- **Verhandlungsführung**: Der Projektmanager bildet die Schnittstelle zwischen den Stakeholdern und der Projektorganisation. Das Interessante ist hierbei, dass beide Hierarchiestufen mit ihm in ständiger Verhandlung stehen. Die Projektmitarbeiter wollen mehr Geld und mehr Zeit und die Stakeholder wollen bessere Qualität, schneller und mit weniger Geld. Der Projektmanager muss hier mit einem großen Verhandlungsgeschick glänzen, um am Ende alle Parteien und ihre Interessen im Sinne des Projekts in Einklang gebracht zu haben.
- **Konfliktlösung**: Sowohl in Verhandlungen als auch während der normalen Mitarbeiterführung sind Konflikte im Grunde genommen vorprogrammiert. Ein Projektmanager muss hier durch seine empathische Art, Konflikte auf verschiedensten Ebenen im Sinne des Projekts beheben können.

Projektunterstützung[8]

Die Projektunterstützung übernimmt den Großteil der für das Projekt anfallenden administrativen Aufgaben. Ferner liegt die Verantwortung für die Änderungssteuerung ebenfalls im Bereich der Projektunterstützung. Auf die Änderungssteuerung kommen wir in Abschnitt 4.3. Wenn diese Aufgaben nicht an eine Person oder Gruppe delegiert werden, übernimmt sie der Projektmanager. Umgangssprachlich setzt man die Projektunterstützung dem PMO, dem Project Management Office gleich.

In der Praxis stellt die Projektunterstützung die rechte Hand des Projektmanagers dar. Ähnlich eines Vorstandsassistenten übernimmt die Projektunterstützung alle administrativen und organisatorischen Aufgaben eines Projektmanagers. Diese sind Organisation von Meetings, Raumbuchungen, Einforderung von Statusberichten, Budgettracking und vieles mehr.

In großen Unternehmen werden diese Tätigkeit nicht selten von einer eigenen Abteilung, ebenfalls PMO genannt, übernommen. Diese Abteilungen schließen sich an sämtliche in einem Unternehmen auftretende Projekte und übernehmen für diese den so genannten Administrativen Overhead. Das hat den Vorteil, dass Mitarbeiter keine Einarbeitung in die Tätigkeitsfelder eines PMO´s bzw. der Projektunterstützung benötigen, sondern immer echte Profis am Werk sind. Ein weiterer Punkt ist natürlich, dass das Projekt hierdurch sehr wenig individualisiert wird, da eine starke Orientierung an den Projektprozessvorgaben des Unternehmens vorherrscht.

Teammanager[9]

Die fachlich anspruchsvollste Rolle innerhalb des Projektmanagementteams besitzen die Teammanager. Sie dienen als Vertreter der einzelnen Spezialistenteams und stellen ferner deren Schnittstelle zum Projektmanager dar. Die Teammanager berichten in einem vorgegebenen Zeitraum an den Projektmanager, stellen ihm aber auch im Rahmen des Projekts die Planungsunterstützung. In vielen Projekten sind Teammanager, auf Grund der Größe des Projekts und der damit einhergehenden Größe der Teilprojekte, oft als eigenständige Projektmanager zu sehen, nur auf einer tieferen Ebene.

Sollte das Projekt mit agilen Methoden wie SCRUM, Kanban oder Extreme Programming arbeiten, finden die jeweiligen Methoden meist im Rahmen der Arbeit der Teammanager mit ihren Teammitgliedern Anwendung. PRINCE2 bietet an dieser Stelle auch die Möglichkeit, PRINCE2 erfolgreich mit anderen (agilen) Methoden zu kombinieren. Auf die Arbeit des Teammanagers wird innerhalb der PRINCE2-Terminologie aufgrund hoch fachlicher Ausprägungen vergleichsweise wenig eingegangen. Hinsichtlich der Management-Eigenschaften wird sich innerhalb der Methodik eng an den Anforderungen des Projektmanagers orientiert, mit dem Hintergedanken, dass der Teammanager einen fachlichen Hintergrund mitbringen muss.

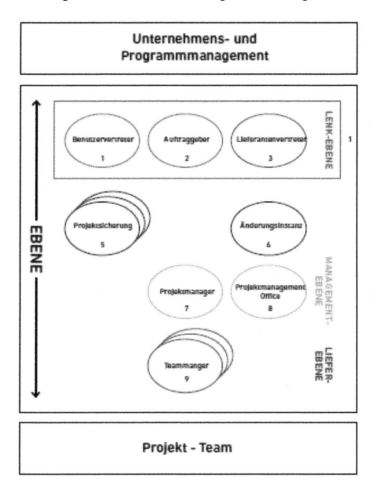

2.4 Thema Business Case

Zweck des Themas „Business Case" ist die Einrichtung von geeigneten Mechanismen, um zu beurteilen, ob ein Projekt wünschenswert, lohnend und realisierbar ist und weiter fortgeführt wird. Auf dieser Grundlage soll über die (weitere) Projektinvestition entschieden werden können.

Das Thema gibt dem gleichnamigen Managementprodukt einen Rahmen, innerhalb dessen das Managementprodukt entwickelt und gepflegt wird. Durch die Anwendung wird darüber hinaus das Grundprinzip der fortlaufenden geschäftlichen Rechtfertigung bezweckt bzw. sichergestellt.

Innerhalb vieler Projekte stellt genau diese geschäftliche Rechtfertigung ein großes Problem dar. Zu allererst muss erst einmal der Nutzen aufgezeigt werden. Das ist zu Beginn gar nicht so einfach. Das liegt vor allem daran, dass der Nutzen meist viel komplexer zu ermitteln ist, als es sich in den meisten Fällen anfühlt. Hat man sich jedoch erstmal auf einen Nutzen für das Unternehmen geeinigt, ist eine fortlaufende geschäftliche Rechtfertigung durchaus machbar.

In der Praxis fällt auf, dass Projekte oft den so genannten „Point of no Return" sehr schnell erreichen. Zumindest stellen Projektmanager und weitere Projektmitarbeiter in der Praxis oft diese Behauptung auf. Der *Point of no Return* ist allerdings nur sehr selten erreicht: die Projektmanager wollen das Projekt hierbei einfach künstlich am Leben erhalten. Grund sind hierbei persönliche Faktoren, wie zum Beispiel die Angst, einen schlechten Ruf innerhalb der Organisation zu erlangen.

In solchen Fällen sollte der Projektmanager klar aufzeigen, dass sich eine weitere Projektdurchführung nicht mehr lohnt. Abbruch ist schmerzhaft und das Budget kommt einem im Nachhinein fehlinvestiert vor; jedoch ist es besser als das Geld weiterhin in ein Projekt zu stecken, das in der Zukunft ohnehin keinen Erfolg erzielen wird.

2.4.1 Inhalt eines Business Case

Das Managementprodukt „Business Case" dient als Werkzeug des Themas „Business Case". Es wird die geschäftliche Rechtfertigung darstellbar gemacht. Der Business Case enthält typischerweise Kosten, Nutzen, Hauptrisiken, Zeitrahmen, negative Nebeneffekte, Gründe, Optionen sowie eine Investitionsrechnung. Anhand des Business Case wird in regelmäßigen Abständen geprüft, ob sich ein Projekt weiterhin lohnt.

Der Business Case wird als Entwurf im Prozess „Vorbereiten eines Projekts (SU)" erstellt und im Prozess „Initiieren eines Projekts (IP)" auf den auf dem Schaubild abgebildeten Umfang erweitert.

- Gründe (bereits aus SU vorhanden) [1]
- Optionen (bereits aus SU vorhanden) [2]
- Zeitrahmen [3]
- Hauptrisiken [4]
- ROI [5]
- negative Nebeneffekte [6]
- erwarteter Nutzen [7]
- Budget [8]

Die Inhalte in ihrer Definition:

- **Gründe**: Die Gründe stellen den vergangenheitsbezogenen Auslöser für das Projekt dar. Die Olympiade wird beispielsweise durchgeführt, weil die Konjunktur in England aktuell stagniert. Diese Definition und dieses Beispiel gilt es nach der PRINCE2-Terminologie gerade in Bezug auf die Prüfung zu verinnerlichen.

In der Praxis gibt es jedoch auch Gründe für ein Projekt, die in der Zukunft liegen, zum Beispiel eine Gesetzesverabschiedung, auf die sich eine Bank vorbereiten muss.

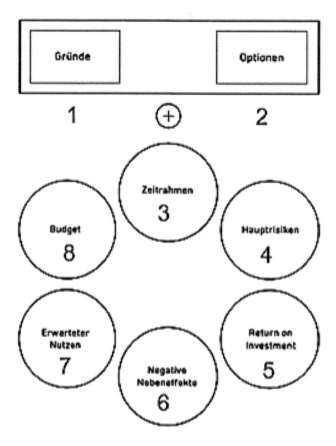

- **Optionen**: Die in einem Business Case niedergeschriebenen Optionen beschreiben die Handlungsalternativen, die zur Umsetzung der oben beschriebenen Gründe, in Form eines Projekts, in Frage kommen. Der PRINCE2-Terminologie zufolge sollte neben der Projekt-Option auch die Null-Option konkret beschrieben werden. Diese beschreibt, wie sich die Organisation verhält, sollte das Projekt nicht wie geplant durchgeführt werden.

Nicht selten fällt in der Praxis auf, dass neben der ersten Projekt-Option auch weitere Projekt-Optionen sogar mit einem eigenen Business Case beschrieben werden. Das kommt dann vor, wenn das Projektvorhaben an sich einen so großen Umfang hat, dass eine Business Case-Betrachtung einfach zu wenig wäre, um alle Möglichkeiten bedarfsgerecht zu beurteilen.

- **Zeitrahmen**: In jeden Business Case gehört natürlich auch der zeitliche Aspekt. Hier ist die Frage nach dem Anfangs- und dem Endzeitpunkt des Projektvorhabens. Darüber hinaus sollte hier auch erwähnt werden, wann der Nutzen des Projektvorhabens einsetzt. Auf den Inhalt der Nutzendefinition werden wir noch im Weiteren zu sprechen kommen.

Nur weil die Olympiade zum Ende 2011 errichtet wurde, tritt der Nutzen nicht in der Minute der Abschlussfeier ein. Vielmehr vergehen Tage, Wochen, in manchen Projekten sogar Jahre, bis der erwartete Nutzen eintritt und seine Wirkung entfaltet.

- **Hauptrisiken**: Unter diesem Punkt sollten Unsicherheiten aufgeführt werden, die einen so hohen Grad an Kritikalität aufweisen, dass sie bereits alleine den Gesamtprojekterfolg gefährden können. Neben der Auswirkung ist bei jedem Risiko auch die Eintrittswahrscheinlichkeit zu beachten. Mehr hierzu im Abschnitt 3.7 zum Thema „Risiko".

Klar ist, dass hier nicht kleine, händelbare Risiken wie die Krankheit eines Bauarbeiters einer olympischen Ausrichtungsstätte eingetragen werden. Hierbei geht es um große, existenzielle Risiken wie dem Eintritt einer Umweltkatastrophe.

- **ROI**: Genau diese monetäre Nutzenbetrachtung ist der wichtigste Bestandteil des Business Case. Hierbei werden alle vom Projekt bewirkten Kosten mit der monetären Nutzenerbringung summiert, um am Ende ein möglichst positives Ergebnis zu erlangen.

- **Negative Nebeneffekte:** Die negativen Nebeneffekte stellen das Gegenteil der Nutzenbetrachtung innerhalb eines Business Case dar. Ist der Nutzen ein positiv getriebener Indikator, sind es die negativen Nebeneffekte (oder im engl. „Disbenefit") negativ getriebene Indikatoren, die das Projekt in der Durchführung mit sich bringt. Im Vergleich zu einem Risiko, das eine Eintrittswahrscheinlichkeit von X aufweist, hat der negative Nebeneffekt immer eine Eintrittswahrscheinlichkeit von 100 Prozent: mit dem Eintritt wird gerechnet, und zwar mit einer Wahrscheinlichkeit von 100 Prozent. Auch wenn die Auswirkung Y in den meisten Fällen nicht zu 100 Prozent beziffert werden kann, sind die negativen Nebeneffekte ein wichtiger Bestandteil der Betrachtung eines Business Case.

Ein negativer Nebeneffekt der Olympiade wäre, dass nur wegen der Durchführung der olympischen Spiele die Themse weiter erschlossen werden muss, woraufhin Naturschutzgebiete weichen müssen. Diese Effekte wirken sich nicht direkt auf die monetär getriebene *Return on Investment*-Rechnung aus. Jedoch muss auch jenen negativen Nebeneffekten das richtige Gehör verschafft werden. Gerade Naturliebhaber stellen bei solchen Großprojekten zurecht wichtige Stakeholder dar, welche auf besondere Art und Weise in die Projektdurchführung miteinbezogen werden sollten.

- **Nutzen:** Wie bereits bekannt, stellt der Nutzen den Mehrwert des Projekts dar. Hierbei ist zu beachten, dass der Nutzen immer messbar sein muss. Ist der Nutzen nicht messbar, handelt es sich strenggenommen nach PRINCE2 um keinen zu erwähnenden Nutzen innerhalb des Business Case.

Den Nutzen für die Olympiade lässt sich sehr gut ermitteln. Hier werden zuerst Milliarden investiert, woraufhin aber auch sehr schnell wieder Milliarden vom IOC, also dem Internationalen Olympischen Komitee, den Fernsehgeldern und den Touristen zurück in den Fiskus Großbritanniens gespült werden.

- **Budget:** Innerhalb des Budgets werden alle für das Projekt benötigten und geplanten Budgets niedergeschrieben. Das sind neben dem eigentlichen Projektbudget das Risikobudget, welches für die Behandlung von Risiken eingesetzt werden soll, sowie das Änderungsbudget, welches für die Steuerung und Implementierung von Änderungen verwendet werden soll.

Der Business Case ist, wie bereits schon erwähnt, ein lebendes Managementdokument. Innerhalb eines Projekts wird der Business Case im Grunde genommen dauerhaft am Ende jeder Managementphase überprüft und seitens des Lenkungsausschusses genehmigt. Das beutet im Umkehrschluss auch, dass keiner der acht Inhalte eins erweiterten Business Case tatsächlich fix ist. Alle können und werden innerhalb eines Projekts angepasst.

2.4.2 Entwicklungspfad eines Business Case

Da sich die Frage nach der geschäftlichen Rechtfertigung aufgrund der sich verändernden Projektumgebung quasi fortlaufend stellt, kann auch der Business Case nicht statisch gehalten werden, sondern muss sich an die veränderte Umgebung anpassen. Diese Anpassung geschieht regelmäßig gegen Ende einer Phase im Prozess-Managen eines Phasenübergangs (SB). Hierbei verfolgt man stringent das Grundprinzip der fortlaufenden geschäftlichen Rechtfertigung.

Wie in dem nachstehend aufgeführten Schaubild zu sehen ist, gliedert man diesen Lebenszyklus zwischen der Business-Case-Entwicklung[1] und dem Pflegen des Business Case[2].

Der erste Schritt einer Business-Case-Entwicklung ist die Entwicklung des Business-Case-Entwurfs innerhalb des Prozesses „Vorbereitung eines Projekts (SU)"[3]. Dieser wird zu Projektbeginn seitens des Lenkungsausschusses freigegeben[4], bevor er in der ersten Projektphase weiter spezifiziert wird[5]. Am Ende der Initiierungsphase (IP) wird dann der detaillierte Business Case seitens des Lenkungsausschusses verifiziert[6]. Damit ist die Entwicklung des Business Case abgeschlossen.

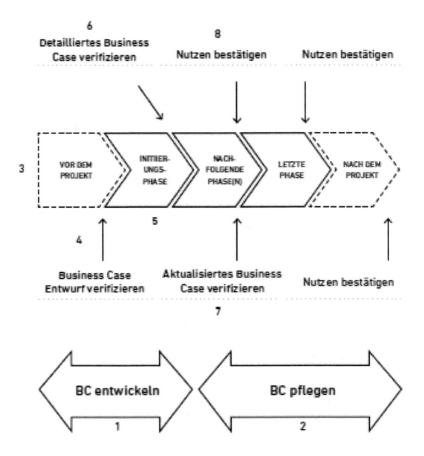

In den folgenden Phasen folgt die dauerhafte Pflege des Business Case. Innerhalb der einzelnen Managementphasen entstehen Gründe, weshalb der Business Case in sämtlichen Dimensionen angepasst werden könnte. Diese Anpassungen werden innerhalb des Prozesses eines Phasenübergangs (SB) durchgeführt, um dann am Ende der jeweiligen Managementphase seitens des Lenkungsausschusses verifiziert werden zu können[7].

Wie im Schaubild auf den beiden letzten oberen Pfeilen und auf dem letzten unteren Pfeil zu erkennen ist, wird an diesen Stellen von einer **Nutzen-Bestätigung** gesprochen.[8]

Innerhalb des Themas „Business Case" gibt es neben dem Dokument „Business Case" auch noch ein weiteres, ausgesprochen wichtiges Managementprodukt: den **Nutzenmanagementansatz**.

Der Nutzenmanagementansatz

Ist im Managementprodukt Business Case der erwartete Nutzen niedergeschrieben, umfasst der **Nutzenmanagementansatz** die Techniken, wie und wann der Nutzen gemessen werden soll. Das kann durchaus bereits während des Projekts im Prozess-Managen eines Phasenübergangs (SB) sein, wobei zu beachten ist, dass der Gesamtnutzen in aller Regel erst nach dem Projekt realisiert wird.

Der revidierte, also der tatsächlich erwirtschaftete Nutzen wird dann im **Nutzenmanagementansatz** festgehalten.

Der **Nutzenmanagementansatz** weist eine weitere Besonderheit auf. Sind grundsätzlich alle anderen Managementprodukte nach Projektabschluss nicht mehr weiter zu pflegen, wird der **Nutzenmanagementansatz** nach Projektabschluss erst richtig mit Inhalt versorgt. Somit stellt er das einzige Managementprodukt dar, welches auch nach Projektabschluss weiterhin mit Input versorgt wird, sogar mit Input versorgt werden muss. Die Verantwortung hierfür geht nach Projektende an das Unternehmens- bzw. Programmmanagement über. In der Praxis findet diese Art von **Nutzenmanagement** leider wenig Anwendung. Viele Projekte werden beendet und dann über Jahre kein Nutzen gemessen bzw. bestätigt; aber genau das gerade ist der wichtigste Indikator dafür, ob ein Projekt Erfolg hatte oder nicht.

2.5 Übungsfragen zu Kapitel 2 – Projektvorbereitung

Hinweis: Es kann nur eine Antwort richtig sein. Die Auflösung findest Du in Kapitel 8.

[14] Welche Mindestanforderung muss für das Thema Organisation erfüllt werden?

- ☐ A Definition der Projektsicherungsaufgaben der Teammanager
- ☐ B Kombination von Rollen zur Vereinfachung der Organisation, wo dies möglich ist
- ☐ C Ernennung eines Business Change Managers als Benutzervertreter, wenn das Projekt Teil eines Programms ist
- ☐ D Festlegung eines Ansatzes zur Einbeziehung von Stakeholdern

[15] Welcher regelmäßige Bericht gibt dem Lenkungsausschuss eine Zusammenfassung über den Phasenstatus?

- ☐ A Erfahrungsbericht
- ☐ B Produktstatusauskunft
- ☐ C Projektstatusbericht
- ☐ D Teamstatusbericht

[16] Welche Aussage über die Rolle der Projektunterstützung ist richtig?

- ☐ A Sie kann vom Projektmanager übernommen werden.
- ☐ B Sie ist eine optionale Rolle in einem PRINCE2-Projekt.
- ☐ C Sie erstellt die Teamstatusberichte für den Projektmanager.
- ☐ D Sie kann mit der Rolle der Projektsicherung kombiniert werden.

2.5 Übungsfragen zu Kapitel 2 – Projektvorbereitung

[17] Was ist ein Ziel des Prozesses „Vorbereiten eines Projekts"?
- ☐ A   Bestätigen, dass keine Einschränkungen bekannt sind, die die Durchführung des Projekts verhindern.
- ☐ B   Sicherstellen, dass allen Teammanagern ihre Verantwortlichkeiten bekannt sind.
- ☐ C   Abnahme des Projektplans durch das Unternehmens- bzw. Programmmanagement oder den Kunden.
- ☐ D   Die Projektleitdokumentation vorbereiten, um die Genehmigung für die Initiierung des Projekts zu erhalten.

[18] Wen repräsentiert der Benutzervertreter, wenn er Entscheidungen trifft?
- ☐ A   Die Person oder Organisation, die das Projektprodukt entwickeln
- ☐ B   Das Unternehmens- bzw. Programmmanagement oder den Kunden
- ☐ C   Projektlieferteams
- ☐ D   Die Personen oder Organisation, die einen Nutzen vom Gebrauch des Projektprodukts haben

[19] Was ist ein Output?
- ☐ A   Ein Spezialistenprodukt des Projekts
- ☐ B   Das durch die Benutzung der Produkte des Projekts erzielte Resultat der Veränderung
- ☐ C   Eine messbare Verbesserung, die aus einem Ergebnis resultiert
- ☐ D   Ein negatives Ergebnis

[20] Welche Rolle kann NICHT mit der Rolle der Projektsicherung kombiniert werden?
1   Projektmanager
2   Projektunterstützung

3   Benutzervertreter
4   Auftraggeber
- ☐ A   1 und 2
- ☐ B   2 und 3
- ☐ C   3 und 4
- ☐ D   1 und 2

[21] Was sollte vom Unternehmens- oder Programmmanagement bzw. vom Kunden gestellt werden, bevor der Prozess „Vorbereiten eines Projekts" beginnt?

- ☐ A   Eine Projektbeschreibung mit Einzelheiten zum Projektlösungsansatz
- ☐ B   Genügend Informationen, um den geeigneten Auftraggeber identifizieren zu können
- ☐ C   Die Projektleitdokumentation
- ☐ D   Die Befugnis zur Initiierung des Projekts

[22] Was ist eine Verantwortlichkeit der Ebene „Managen" innerhalb des Projektmanagement-Teams?

- ☐ A   Festlegen von Toleranzen auf Projektebene
- ☐ B   Abnahme der Beendigung jeder einzelnen Phase
- ☐ C   Sicherstellen, dass die Produkte innerhalb der mit dem Lenkungsausschuss vereinbarten Einschränkungen erstellt werden
- ☐ D   Ernennung der Rollen im Projektmanagement-Team

[23] Was ist ein Zweck des Themas „Organisation"?

- ☐ A   Festlegung der Toleranzen für die Kosten der eingesetzten Ressourcen
- ☐ B   Planung des Trainingsbedarfs für die Lieferung des Projekts

2.5 Übungsfragen zu Kapitel 2 – Projektvorbereitung

- ☐ C Definition der Struktur von Verantwortlichkeiten und Zuständigkeiten im Projekt
- ☐ D Implementierung der für das Steuern nach dem Ausnahmeprinzip benötigten Steuerungsmittel

[24] Was ist ein Zweck des Prozesses „Vorbereiten eines Projekts"?

- ☐ A Sicherstellung, dass die Voraussetzungen für die Initiierung eines Projekts geschaffen worden sind
- ☐ B Festellung, ob der Projektplan die angestrebten Termine einhalten kann
- ☐ C Erstellung einer Projektleitdokumentation, damit das Projekt initiiert werden kann
- ☐ D Dem Unternehmens- oder Programmmanagement bzw. dem Kunden bestätigen, dass Qualitätserwartungen erfüllt werden

3 Projektinitiierung

3.1 Prozess Lenken eines Projekts (DP)

Zweck des Prozesses „Lenken eines Projekts" ist es, den Lenkungsausschuss in die Lage zu versetzen, seiner Verantwortung für den Projekterfolg nachzukommen. Dies geschieht, indem er wichtige Entscheidungen fällt und den allgemeinen Verlauf des Projekts steuert, die Abwicklung des Tagesgeschäfts aber dem Projektmanager überlässt.

Es gilt sicherzustellen, dass:

- **… die Befugnisse für die Initiierung vorhanden sind**: Hierbei ist zu beachten, dass der Prozess „Lenken eines Projekts" der erste Prozess ist, welcher in einem Projekt vonstattengeht, da der Prozess „Vorbereiten eines Projekts (SU)" vor Projektbeginn abläuft.

Vor Projektinitiierung ist es dem Lenkungsausschuss (LA) natürlich ein Anliegen, dass alle Befugnisse vorhanden sind, damit dieser die Initiierung genehmigt.

- **… das Projekt über seine Gesamtdauer gesteuert wird und seine Wirtschaftlichkeit behält**: Dies stellt der Prozess „Lenken eines Projekts (DP)" durch den Mechanismus der Ad-hoc-Entscheidungen sicher. Dieser Prozessschritt zieht sich von Beginn an bis zum Ende eines jeden Projekts. Ad-hoc-Anweisungen sind in dem Sinne wichtige Steuerungselemente, als sie die einzige Möglichkeit des Lenkungsausschusses sind, in jeder Situation innerhalb eines Projekts handlungsfähig zu sein.

88 3 Projektinitiierung

Ferner stellen der Lenkungsausschuss und der dafür angelegte Prozess „Lenken eines Projekts" die Projektwirtschaftlichkeit durch die Überprüfung des Business Case sicher. Dies geschieht innerhalb der Prozess-Schritte „Projekt freigeben" und „Phasen-

oder Ausnahmeplan freigeben", da diese wichtigen Entscheidungen natürlich zu einem Großteil auf Basis des detaillierten Business Case getroffen werden.

- **… über Phasentoleranzabweichungen entschieden werden kann**: Da wir uns innerhalb der PRINCE2-Projektorganisation natürlich dem gelehrten Grundprinzip des „Steuern nach dem Ausnahmeprinzip" völlig verschreiben, hat der Lenkungsausschuss seinem Projektmanager einen gewissen Toleranzbereich X übertragen.

    Das Projektgeschäft wäre nicht das Projektgeschäft, wenn alle Toleranzen jederzeit und vollkommen eingehalten würden. Sicher tritt genau dieser Fall ein, dass der Projektmanager seine für die Phase vorgegebenen Toleranzbereiche verlässt. In diesem speziellen Fall muss der Projektmanager mit einem so genannten Ausnahmebericht zum Lenkungsausschuss eskalieren.

Exkurs – Ausnahme: Als Ausnahme bezeichnet man jene Situation innerhalb eines Projekts, innerhalb deren der Projektmanager seine für die jeweilige Managementphase vorgeschriebene Phasentoleranz überschreitet. Toleranzen können auf sämtlichen Projektdimensionen vergeben werden: Zeit, Budget, Qualität, Risiko, Umfang und Nutzen.

Der von PRINCE2 vorgeschriebene Eskalationsprozess sieht vor, dass bei einer eingetretenen Ausnahme (also einer Toleranzüberschreitung) unverzüglich ein Ausnahmebericht an den Lenkungsausschuss verschickt werden muss.

Der Lenkungsausschuss entscheidet dann auf Basis des Ausnahmeberichts, wie es mit dem weiteren Projektverlauf weitergeht. An dieser Stelle hat der Lenkungsausschuss drei Möglichkeiten:

- Der Lenkungsausschuss bemerkt durch die Beschreibung innerhalb des Ausnahmeberichts, dass die Toleranzüberschreitung doch nicht so hohe Auswirkungen auf den Projekterfolg hat, als anfangs angenommen wurde. Darüber hinaus hat er selbst noch genügend Projekttoleranzen, die er dann an den Projektmanager weitergeben kann. Mit diesen neuen Toleranzen kann der Projektmanager weiterarbeiten.

- Der Lenkungsausschuss bemerkt, dass die eskalierte Ausnahme eine enorme Projektauswirkung hat, er sie aber im Rahmen seiner Toleranzen weiterhin steuern kann. Dennoch erscheint ihm diese Ausnahme so kritisch, dass er eine Neuplanung der Phase wünscht. Der hier anfallende neue Phasenplan wird als Ausnahmeplan beschrieben. Auf Basis dieses Ausnahmeplans entscheidet dann der Lenkungsausschuss über die Fortführung oder den Abbruch eines Projekts.

- Die dritte Option des Lenkungsausschusses ist, auf Basis einer Ausnahme zu erkennen, dass sowohl die Phasentoleranzen des Projektmanagers als auch die Projekttoleranzen des Lenkungsausschusses aufgebraucht sind. Jetzt würde rein nach der PRINCE2-Terminologie ein vorzeitiger Projektabschluss erwägt werden. In der Praxis wird der Lenkungsausschuss in jedem Fall dennoch die Option nutzen, mit dem Unternehmensmanagement über eine eventuelle Fortführung des Projekts zu sprechen.

Natürlich könnte während des Projekts auch der Fall eintreten, dass der Projektmanager lediglich Bereiche seiner Toleranzen in Anspruch nimmt, diese jedoch nicht überschreitet. Hierbei hat der Projektmanager nur eine Informationspflicht gegenüber dem Lenkungsausschuss. Wichtig ist, dass hierfür keine Eskalation ansteht, sondern ein einfaches Reporting ausreicht.

Auch die hier beschriebenen Tätigkeiten finden innerhalb des Prozessschrittes „Phasen oder Ausnahmeplan genehmigen" statt.

Weitere Informationen zu Ausnahmen, Eskalationen und Berichterstattungen folgen beim Thema „Fortschritt" in Abschnitt 3.5.

- **… eine Schnittstelle zum Unternehmens- und Programmmanagement existiert**: Da der Lenkungsausschuss das Projekt natürlich stark in seiner Auswirkung repräsentiert, benötigt er eine Möglichkeit, sich mit dem Unternehmens- bzw. dem eventuell dazwischen geschalteten Programmmanagement regelmäßig auszutauschen.

Da PRINCE2 in der hier gelehrten Art und Weise die Perspektive des Projektmanagers manifestiert, ist ein Prozessschritt, welcher dem Lenkungsausschuss eine Kommunikationsfläche zum Unternehmens- oder Programmmanagement bietet, nicht in der PRINCE2-Terminologie vorgesehen, aber dennoch vorhanden.

- **… die Befugnisse für den Abschluss eines Projekts vorhanden sind:** Innerhalb des letzten Prozessschrittes stellt der Prozess DP dem Lenkungsausschuss die Aktivität zur abschließenden Überprüfung des Projektfortschritts zur Verfügung. Bei der letzten Aktivität „Projektabschluss freigeben" werden dem Lenkungsausschuss das vom Projekt gelieferte Endprodukt übergeben und der Projektmanager und das damit einhergehende Projektteam entlastet.

3.2 Initiieren eines Projekts (IP)

Hier soll eine solide Grundlage für das Projekt geschaffen werden, die der Organisation ein klares Bild davon vermittelt, was mit den geplanten Arbeiten verbunden ist, bevor größere finanzielle Mittel zugesagt werden.

Mit dem Prozess „Initiieren eines Projekts (IP)" gilt es sicherzustellen,

- **… dass sämtliche für die Projektdurchführung notwendigen Policies eingerichtet werden**[1]: Diese Policies werden innerhalb der PRINCE2-Terminologie als Managementstrategien beschrieben und bilden jeweils ein Managementprodukt ab. Innerhalb von PRINCE2 unterscheiden wir zwischen 4 Strategien.

3 Projektinitiierung

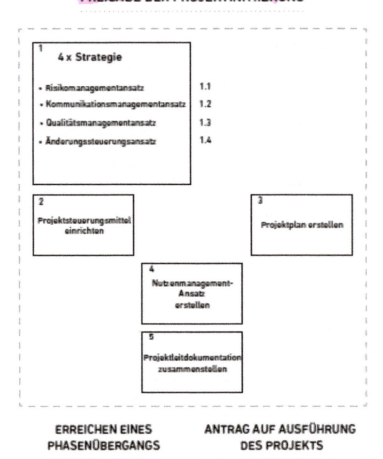

Risikomanagementansatz[1.1]

Eine Art Policy, die beschreibt, welche Ziele durch das Risikomanagement erreicht werden sollen, welche Rollen und Verantwortlichkeiten es gibt, wie hoch die Risikotoleranz ist, welche präferierte Risikobehandlungsmaßnahme es innerhalb des Projekts gibt, etwaige zeitliche Aspekte sowie die geforderten Berichtsanforderungen. Oftmals wird der **Risikomanagementansatz** aus der Unternehmens- oder Programmmanagementstrategie übernommen. Mehr zum Thema „Risiko" in Abschnitt 3.7.

Kommunikationsmanagementansatz[1.2]

Die **Kommunikationsmanagementansatz** stellt die Art und Weise der Projektkommunikation in den Vordergrund. Wann kommunizieren die Projektmitarbeiter untereinander? Hier sollte ein regelmäßiger Turnus niedergeschrieben werden. Wer ist bei welchem Meeting mit dabei? Hierbei ist zu beantworten, welche Personen bei dem jeweiligen Meeting mitkommunizieren. Wie findet die Kommunikation statt? Auch die Art und Weise, wie die Projektmitarbeiter untereinander kommunizieren, sollte niedergeschrieben werden. Treffen sie sich persönlich oder machen sie eine Videokonferenz?

Qualitätsmanagementansatz[1.3]

Eine Strategie, welche die zu verwendeten Qualitätsstandards, Qualitätstechniken und Qualitätsverantwortlichkeiten festlegt, um das geforderte Qualitätsniveau zu erreichen. Ziel sollte sein, hiermit den Projektmitarbeitern eine Hilfestellung zur richtigen Einschätzung der zu erwarteten Qualität des Kunden zu geben. Mehr hierzu in Abschnitt 4.2 „Qualität".

Änderungssteuerungsansatz[1.4]

Der **Änderungssteuerungsansatz**[1] ist die technische und administrative Aktivität im Zusammenhang mit der Erstellung, Pflege und kontrollierten Änderung der Konfiguration während der Lebensdauer eines Produkts. Eine Konfiguration beschreibt die Zusammensetzung der vom Kunden erwünschten Eigenschaften eines jeden Produkts. Die Strategie dahinter ist, zu beschreiben, wie mit den Konfigurationen umgegangen werden soll. Der Umgang bezieht sich hier vor allem auf die Frage, wie mit Änderungen umgegangen werden soll.

Wer entscheidet über Änderungen? Welche Arten von Änderungen gibt es? Wie viel Budget für Änderungen ist innerhalb des Projektbudgets vorgesehen? All diese Fragen werden in dmr **Änderungssteuerungsansatz** beantwortet.

Mehr hierzu in Abschitt 4.3 „Änderungen".

- **… dass sämtliche Projektsteuerungsmittel eingerichtet worden sind**[2]: Ein Projekt benötigt bereits in einem sehr frühen Zeitraum Mittel und Mechanismen, über die der Teammanager, der Projektleiter und dann letztlich der Lenkungsausschuss den Fortschritt eines Projekts tracken und monitoren können.

  Diese Steuerungsmittel könnten unter anderem Berichte, Pläne, Arbeitspakete und Register sein, welche im Rahmen des Projekts verwendet werden.

Folgende Register erstellt man unter anderem im Rahmen dieses Prozessschritts:

Risikoregister: Beschreibt man innerhalb der Risikomanagementstrategie den Prozess und weitere wichtige Bestandteile des Themas „Risiko", schreibt man hingegen in das Risikoregister die einzelnen identifizierten Risiken. Es ist also ebenfalls ein Managementprodukt.

Ein identifiziertes Risiko der Olympiade könnte zum Beispiel sein, dass die Wettersituation derart kritisch ist, dass sich der Bau der Stadien sehr stark verzögert. Dieses identifizierte Risiko würde dann den Weg in das Risikoregister finden.

Qualitätsregister: Das Qualitätsregister stellt, ähnlich wie das Risikoregister ein Dokument dar, in dem eine Liste von identifizierten Items niedergeschrieben wird. Schreibt man in das Risikoregister jedes identifizierte Risiko, so schreibt man in das Qualitätsregister jedes von dem Projekt zu liefernde Teilprodukt samt Beschreibung, Qualitätserwartungen, Qualitätstoleranzen und Verantwortlichkeiten.

Exkurs – Projektmanagement-Tools

PRINCE2 gibt für die Art und Weise, wie diese Register verwendet werden, keine Formvorschriften vor. In der Praxis werden jene Register in aller Regel als Excel-Dokument verwendet, welche auf einem gemeinsam genutzten Projektlaufwerk beherbergt werden.

Moderner aufgestellte Projekte benutzen auch Projekt-Software, die PRINCE2- und damit auch die hier aufgeführten Register abbilden kann. Die Frage nach der Professionalisierung ist neben der Budgetfrage freilich auch eine Frage der Projektgröße. Für die Olympiade ist die Verwendung eines Projektmanagement-Tools deutlich angebrachter als für das Projekt des Baus eines Baumhauses mit der Tochter.

Neben der Option, ein kompletten PRINCE2 Projektprozess innerhalb eines Tools einzuführen, ist die oft gewählte Option; einen Teilbereich von PRINCE2 Softwarebasiert abzubilden. So nutzen die meisten Unternehmen Jira als Projektmanagement-Tool, in dem sie die noch offenen ToDos abbilden. Falls es an der Stelle noch mehr Bedarf an Jira-Wissen gibt, verweise ich gerne auf unser Buch sowie unseren Onlinekurs zu Jira, zu finden unter: www.agile-heroes.de/trainings/jira

Issue-Register: Das letzte Register, welches innerhalb des Prozesses „Initiieren eines Projekts (IP)" erstellt wird, ist das so genannte Issue-Register. Dieses stellt eine Art ToDo-Liste dar. Im Thema „Änderungen" in Abschnitt 4.3 gehen wir auf das Thema „Issue" noch im Detail ein.

Fest steht, dass innerhalb eines Projekts sämtliche Arten von Issues auftreten können. Diese Issues müssen adäquat gesteuert werden können. Was aber bedeutet adäquate Steuerung?

Adäquate Steuerung beginnt mit Transparenz. Identifizierte Issues müssen in ein Dokument – dem Issue-Register – eingetragen werden. Hinzu kommen Verantwortlichkeiten und eventuelle Auswirkungen auf den Projekterfolg, welche in das Register hinter dem jeweiligen Punkt eingetragen werden.

Ein typisches Issue könnte sein, dass ein Projektzulieferer insolvent geht und deshalb ein neuer Projektzulieferer gesucht und gefunden werden muss. Hieraus entstehen ein erhöhter zeitlicher Mehrbedarf und auch eventuell ein Budgetmehrbedarf.

Dieser Issue wird im Issue-Register eingetragen und dann seitens des Projektmanagers so lange zum Erfolg gesteuert, bis er abgeschlossen ist.

Die hier aufgeführten Register stellen nur einen Teil der in diesem Schritt eingerichteten Steuerungsmittel dar. Weitere vom Projekt zu erstellende Steuerungsmittel werden im Folgenden in Abschnitt 3.5 „Fortschritt" noch genauer beschrieben.

- **… dass ein Projektplan und die dazugehörenden wichtigen Produktbeschreibungen vorhanden sind**[3)]: Der wichtigste und im Zweifelsfall auch alleinstehende Plan eines Projekts ist der Projektplan. Dieser projektübergreifende Plan wird im nächsten Prozessschritt „Projektplan erstellen" erstellt.

Der Projektplan: Ein Plan, welcher in einer frühen Phase eines Projekts erstellt wird und von seinem Planungshorizont her der umfassendste im Vergleich zu den restlichen Plänen ist. Der Projektplan dient dem Projektmanager, einen gesamtheitlichen Blick auf das bevorstehende Projekt zu erlangen. Da wir das Grundprinzip „Steuern über Managementphasen" weiterhin verfolgen und im Rahmen dessen auch die Phasen deutlich feinkörniger planen werden, wird klar, dass ein Projektplan zwar sehr weitgehend (von Anfang bis Ende des Projekts) geplant ist, jedoch nicht sehr tiefgehend plant.

Am Anfang der Olympiade steht ungefähr fest, innerhalb welcher Phase die staatlichen Genehmigungen eingeholt werden, in welcher Phase die Austragungsstätten erbaut werden und zu welchem Zeitpunkt das Projekt fertig sein soll. Diese wichtigen Produkte und die dafür notwendigen Produktbeschreibungen werden innerhalb des Projektplans festgehalten.

Die Frage, wann welche Tür in die Wand einer einzelnen Austragungsstätte gesetzt wird, würde innerhalb des Projektplans eine viel zu feine Planung darstellen. Diese Planung wird deswegen auf die nächstfeineren Pläne, den so genannten Phasenplan und den Teamplan ausgelagert.

- **… dass der Business Case erstellt worden ist**[4]: Wie bereits in Abschnitt 2.4 beschrieben wurde, stellt der Business Case das Dokument dar, das unter anderem die fortlaufende geschäftliche Rechtfertigung enthält. Innerhalb des Prozessschritts „Business Case verfeinern" wird der im Vorbereiten eines Projekts (SU) erstellte und daher bereits existierende Business-Case-Entwurf herangezogen und um die bekannten Inhalte: Kosten, Zeitrahmen, Hauptrisiken, ROI, Nutzen, erwartete negative Nebeneffekte erweitert. Innerhalb dieses Prozessschrittes wird außerdem der bereits benannte Nutzenmanagementansatz erstellt, da ab diesem Zeitpunkt im Projekt, zumindest in der Theorie, ein Nutzen generiert werden könnte.

- **… dass die Projektleitdokumentation zusammengestellt worden ist**[5]:

Das umfangreichste aller Managementprodukte ist die Projektleitdokumentation. Im Grunde genommen stellt sie an sich kein eigenes Managementprodukt dar, sondern bildet vielmehr eine Sammlung der wichtigsten vom Projekt zu liefernden Managementprodukte. Im folgenden Abschnitt 3.3 wird auf die Projektleitdokumentation noch genauer eingegangen.

Am Ende des Prozesses „Initiieren eines Projekts (IP)" erreicht man mit einer Vielzahl an neuen Managementprodukten zum einen die nächste Phase, weshalb eine neue

Phase geplant werden muss[6]. Die neue Phase wird im Prozess-Managen eines Phasenübergangs (SB) geplant und die alte Phase innerhalb dessen abgeschlossen.

Ein weiterer Output dieses Prozesses ist der **Antrag auf Ausführung des Projekts**[7], über den dann der Lenkungsausschuss in seinem Prozess (DP) entscheiden muss.

3.3 Die Projektleitdokumentation

Ein wesentlicher Part der Projektleitdokumentation (PLD) ist die Projektbeschreibung (siehe Schaubild), welche bereits im Prozess „Vorbereiten eines Projekts (SU)" erstellt wurde. Damit wird klar, dass bereits Inhalte und Planungsdokumente aus der Vorprojektzeit einen durchaus wichtigen Bestandteil für die folgenden Projektphasen darstellen. Die Projektbeschreibung geht fließend in die PLD ein.

Die PLD an sich ist eine Zusammenstellung der wichtigsten Managementprodukte, welche die wesentlichen Informationen über das Projekt beinhalten. Sie bietet damit eine gesicherte Grundlage für den Projektstart und wird an alle Projektinternen verteilt.

Darüber hinaus dient die PLD als *Single Point of Truth* für grundsätzliche Fragen, die während eines Projekts oder bei neuen Projektmitgliedern entstehen können. Sie eignet sich hervorragend zur Einarbeitung neuer Mitarbeiter, da in der Projektleitdokumentation alle Inhalte bzw. alle Fragen enthalten sind, die ein (neuer) Projektmitarbeiter innerhalb eines Projekts hat.

In vielen Projekten wird die Projektleitdokumentation auch als Projektvertrag bezeichnet.

Die PLD kann wie folgt dargestellt werden:

- als einzelnes Dokument, das alle anderen Managementprodukte als Unterpunkte beinhaltet

- als ein Inhaltsverzeichnis einer Unterlagensammlung
- als in einem Projektmanagement-Tool gesammelte Informationen

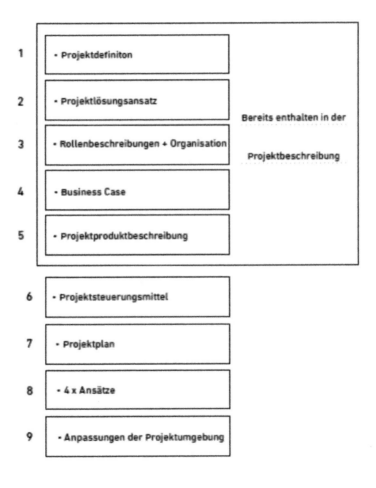

3.4 Thema Pläne

Der Zweck des Themas „Pläne" ist die Unterstützung der Kommunikation und zu definieren, was wo wie von wem voraussichtlich wann zu welchen Kosten geliefert bzw. erreicht werden soll.

Innerhalb des Themas „Pläne" wird ferner für die jeweilige Hierarchieebene eine Vordefinition getroffen, wie ein Plan auszusehen hat und wie eigentlich geplant wird.

Innerhalb vieler Projekte ist das Thema „Pläne" sehr weit verbreitet; so weit, dass oft sogar eine Überadministration bezüglich der Planung die Regel ist. PRINCE2 gibt in seinem Thema „Pläne" keinesfalls eine Überplanung vor. Vielmehr wird die Planung im Rahmen des Grundprinzips „Anpassung an die Projektumgebung" soweit optimiert, dass sie perfekt an die jeweiligen Projektgegebenheiten angepasst ist.

In den folgenden Abschnitten werden wir auf die unterschiedlichen Planungsebenen eingehen und die Art und Weise, wie eine Planerstellung abläuft, durchleuchten.

3.4.1 Drei Ebenen der Planung

Grundlegend gilt: Je weiter die Planung in die Zukunft reicht, desto schwieriger und unschärfer ist sie. Daher ist es nur in den seltensten Fällen wünschenswert oder möglich, ein Projekt von Beginn an im Detail zu planen. Erst durch iteratives Vorgehen innerhalb der einzelnen Phasen kann eine granulare und sichere Planung ermöglicht werden.

Innerhalb der PRINCE2-Terminologie unterscheidet man grundsätzlich drei verschiedene Planungsebenen:

3.4 Thema Pläne

- Visio
- GanttDiagramm } Pläne Projekt

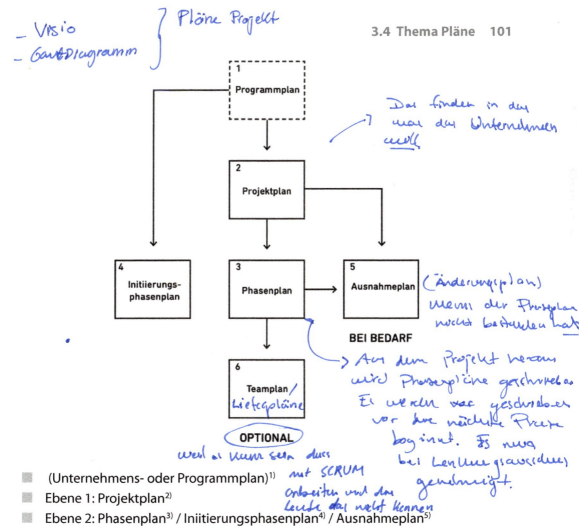

Das finden in der war der Unternehmen well

(Änderungsplan) wenn der Phasenplan nicht bestanden hat

→ Aus dem Projekt heraus wird Phasenpläne geschrieben. Es werden vor geschrieben vor die nächste Phase beginnt. Es muss bei Lenkung gaussiches genehmigt.

weil es kann sein dass mit SCRUM arbeiten und die Leute das nicht kennen

- ▪ (Unternehmens- oder Programmplan)[1)]
- ▪ Ebene 1: Projektplan[2)]
- ▪ Ebene 2: Phasenplan[3)] / Iniitierungsphasenplan[4)] / Ausnahmeplan[5)]
- ▪ Ebene 3: Teamplan[6)]

Der Unternehmens- bzw. Programmplan

Innerhalb eines Unternehmens bzw. innerhalb eines Programmplans wird die Planung für strategische Entwicklung des Unternehmens durchgeführt. Diese hochgradig unkonkreten und weit in die Zukunft reichenden Pläne werden jedoch innerhalb der PRINCE2-Methodik nicht genauer beschrieben. Sie haben jedoch enorme Auswirkungen auf die nach PRINCE2 strukturierten Projekte.

Ebene 1: Projektplan

Der Projektplan enthält einen groben Überblick über das Gesamtprojekt von Anfang bis Ende sowie die wichtigsten Produktbeschreibungen mit Lieferterminen und Kosten. Hierbei ist zu beachten, dass die geplante Abstraktionsebene High Level ist. Würde man sich innerhalb dieser Planungsebene bereits mit feinkörnigen Teilproduktbeschreibungen auseinandersetzen, liefe man Gefahr, in einen Planungs-GAU zu steuern. Das liegt daran, dass ein Projekt nie ohne Änderungen auskommt. Geht man nun so vor, dass man bereits am Anfang eine hochkonkrete Planung bis zum Projektende vollzogen hat, muss bei vielen Änderungen der gesamte Projektplan neu durchgeplant werden. Das Projekt läuft so mit voller Kraft in Richtung Überadministration.

Abhilfe schafft hierbei die besagte PRINCE2-Vorgehensweise: erste grobe Planung im Projektplan und darauffolgend detailliertere Planung innerhalb der jeweiligen Phasen und Teams.

Die erste Fassung des Projektplans wird im Prozess „Initiieren eines Projekts (IP)" erstellt und ist Bestand der Projektleitdokumentation. Er wird darüber hinaus natürlich im Laufe des Projekts im Prozess-Managen eines Phasenübergangs (SB) wiederholt aktualisiert und angepasst. Der Projektplan in seiner ersten Fassung wird vom Projektmanager in enger Zusammenarbeit mit dem Auftraggeber erstellt und abgestimmt. Im folgenden Projekt wird der Projektplan nur noch seitens des Projektmanagers angepasst.

Ebene 2: Phasenplan

Der Phasenplan stellt den für die jeweilige Phase entsprechenden Plan dar. Innerhalb des Phasenplans gehört es zu den Aufgaben des Projektmanagers, die Toleranzen innerhalb der vorgegebenen Akzeptanzkriterien zu halten.

Er stellt von der Planungsebene eine deutlich schärfere Ebene dar. Er bietet die Grundlage für das Management des Tagesgeschäfts innerhalb einer Phase. Der Phasenplan stellt einen Teil des Projektplans dar.

Die Ebene des Phasenplans beherbergt neben dem Phasenplan an sich auch noch weitere Pläne, welche für die jeweilige Projektsituation tendenziell notwendig sein können.

Initiierungsphasenplan

Von der Grundidee ist der Initiierungsphasenplan einfach nur eine frühe Form eines Phasenplans. Er plant in seiner Art und Weise die erste vom Projekt durchzuführende Phase – die Initiierungsphase. Erstellt wird der Initiierungsphasen vom Projektmanager im Rahmen des Prozesses „Vorbereiten eines Projekts (SU)". Er findet Verwendung in der ersten Fassung der Projektleitdokumentation – der bereits bekannten und auch in SU erstellten Projektbeschreibung.

Ausnahmeplan

Der Ausnahmeplan stellt eine Sonderform eines Phasenplans dar und wird nur auf Anforderung des Lenkungsausschusses (LA) im Prozess „Managen eines Phasenübergangs (SB)" erstellt. Der ursprüngliche Trigger des Ausnahmeplans ist ein vorhergegangener Ausnahmebericht. Wie bereits bekannt, wird ein Ausnahmebericht immer auf Basis einer Toleranzüberschreitung erstellt.

Zum Verständnis:

[1] Ein Ereignis lässt die dem Projektmanager delegierten Toleranzen überschreiten.

[2] Der Projektmanager erstellt einen dafür notwendigen Ausnahmebericht und übergibt diesen dem Lenkungsausschuss.
[3] Der Lenkungsausschuss bewertet dieses Ausnahmeereignis als derart schwerwiegend, dass er zur weiteren Steuerung der Situation einen Ausnahmeplan verlangt.
[4] Der Projektmanager erstellt auf Anforderung des LA einen Ausnahmeplan.

Nach Aufforderung zur Erstellung eines Ausnahmeplans muss der Projektmanager die Phase neu planen. Der Ausnahmeplan ersetzt somit den aktuell gültigen Phasenplan. Der neue Ausnahmeplan wird mindestens eine der sechs Projektdimensionen Zeit, Kosten, Qualität, Risiko, Umfang oder Nutzen verändern.

Ist der Phasenplan erstellt, muss dieser noch dem LA zur Freigabe vorgelegt werden. Erst nach dessen Freigabe wird die neue, aktualisierte Phase gestartet.

Ebene 3: Teamplan

Der Teamplan ist der Plan mit dem feinsten Granularitätsgrad. Nachdem der Teammanager mit dem Projektmanager die Arbeitspakete für die nächste „Technische Phase" (mehr hierzu im Thema „Fortschritt" in Abschnitt 3.5 durchgeplant hat, kommt die Erstellung des Teamplans zu tragen. Der Teamplan wird vom Teammanager in seinem dafür vorgesehenen Prozess-Managen der Produktlieferung (MP) erstellt.

Sollte das Team die Erstellung seiner Produkte mit einer agilen Produktentwicklungsmethodik wie SCRUM vorsehen, bietet sich mit diesem Plan die richtige Schnittstelle. Grund hierfür ist, dass seitens der PRINCE2-Methodik keine umfangreichen Vorschriften für diese Planungsebene vorgegeben wurden; aus einem bestimmten Grund: um PRINCE2 mit anderen Methoden kombinierbar zu machen.

Exkurs – Agiles Projekt- und Produktmanagement mit PRINCE2

Agiles Projektmanagement ist aktuell in aller Munde. Themen wie SCRUM, Kanban oder Extreme Programming sind aufgrund ihrer schlanken Ansätze ein gern gesehener

Ansatz im Kontext einer immer komplexer werdenden Welt.

Oft wird die Diskussion geführt, „welche der beiden Methoden die bessere wäre". Diese Diskussion erscheint obsolet, hängt die Entscheidung, welchem Vorgehensmodell man sich widmet, doch stark von der jeweiligen (Projekt-)Umgebung ab.

Vielmehr sollte man sich statt der Frage „agile" oder „klassisch" die Frage stellen „wie viel von beiden?". Der Ansatz, durch eine klassische Projektmanagement-Methodik wie PRINCE2 den für große Projekte oft notwendigen Rahmen zu schaffen, und hier in Kombination vereinzelt für Teilprodukte auf agile Produktentwicklungsmethoden wie SCRUM und Extreme Programming zurückzugreifen, ist nur logisch.

Neben den Methoden und Techniken, hat die Erfahrung außerdem gezeigt, dass das so genannte Agile Mindset, ein Change innerhalb klassischer Projekte mit sich bringt. Agiles Mindset bedeutet so viel wie:

- Gib dem Team Entscheidungsgewalt
- Vertraue dem Team, dass es die richtigen Entscheidungen trifft
- Entscheide dort, wo das Wissen ist, nicht da, wo das Management sitzt
- Lerne schnell aus Fehlern und verbessere deine Vorgehenweise
- Entwickle dein Produkt entlang der Bedürfnisse deiner Kunden
- Involviere schnell deine Kunden, um von deren Feedback zu lernen

Mit Verlaub, diese prägnanten Sätze sind sehr einfach formuliert und in der Praxis hängt da jede Menge dran. Das alles hat natürlich keinen Anspruch auf Vollständigkeit, da Agilität eine derartige Ausprägung erreicht hat, das es vermessen wäre, an dieser Stelle von vollkommener Erläuterung des agilen Mindsets zu sprechen.

PRINCE2 wurde in diesem sehr gefragten agilen Bereich nun auch durch eine weitere Ausprägung „PRINCE2 Agile" ergänzt. Die weitere Beschreibung dieser Methodik würde aber tatsächlich ein eigenes Buch in Anspruch nehmen, weshalb an dieser

Stelle nicht weiter darauf eingegangen wird und wir vielmehr diesen Bedarf mit unserem Buch: „PRINCE2 Agile – Einfach erklärt" gedeckt haben. Mehr hierzu unter: www.agile-heroes.de/buch

3.4.2 Die Erstellung eines Plans

Im vorangegangenen Abschnitt wurden die verschiedenen Planungsebenen von PRINCE2 in ihrem Umfang genau beschrieben.

Die Philosophie hinter der Erstellung von Plänen orientiert sich an Produkten. Damit kommt das Thema „Pläne" dem Grundprinzip „Produktorientierung" nach.

Es beginnt mit der groben Gesamtplanung des Projekts in Form des Projektplans. Hier wird das Projektendprodukt definiert, die wichtigsten (Teil-)Produktbeschreibungen werden davon abgeleitet, in verschiedenen Formen darstellbar gemacht (Produktstrukturplan bzw. Produktflussdiagramm) und letztlich in Aktivitäten umgewandelt. Angereichert mit den notwendigen Ressourcen ergibt das einen fertigen Projektplan. Hierbei ist zu beachten, dass zwar Produkt- und Aktivitätsbeschreibungen in einem Projektplan niedergeschrieben sind, die Planungsschärfe jedoch, da wir noch auf einer sehr abstrakten Planungseben befinden, sehr wenig feinkörnig ist.

Der Ablauf der Erstellung eines Plans wie im Schaubild ist auf allen Planungsebenen (Projektplan, Phasenplan, Teamplan) gleich. Der einzige Unterschied neben der Tatsache, dass der Phasen- und Teamplan natürlich keine Planung des Projektendprodukts beinhaltet, ist die Reihenfolge an Aktivitäten zur Erstellung eines Plans, welche auf Phasen- und Teamplanebene deutlich granularer wiederholt wird.

Projektplan

3.4 Thema Pläne 107

① **Plan entwerfen**

② **Produkte definieren und analysieren**

2.1. **Produktstrukturplan** { als Management Produkt

Produktbeschreibung
Produktstrukturplan — Graphische Darstellung

2.2. **Produktflussdiagramm**
Produktorientiert. ↳ Tätigkeiten die gebraucht werden
Zusammenbau der Produkte • z.B. Techn. Abhängigkeit
Aktivität: Prüfer

③ **Aktivitäten und Abhängigkeiten identifizieren**

④ **Schätzungen durchführen** (Warum nicht Kalkulation)? → Stk schätzen weit es nicht möglich ist

⑤ **Zeitplan erstellen**
→ Kosten genau vorzusehen 100%

⑥ **FERTIGER PLAN**

Schätzmethoden:
- Planungspoker
Schätzklausur:

Andere Möglichkeit: Netzplantechnik.
als Gantdiagramm

Sehen wir uns in den folgenden Schritten die Erstellung eines Plans genauer an:

[1] **Plan entwerfen**: Innerhalb des ersten Schrittes geht es nicht um die richtige Befüllung des Plans mit Inhalten, sondern vielmehr um das Design der Art und Weise der Planung. Nutzt man PRINCE2-Templates, designt man sich eigene Tools oder verwendet man vielleicht doch ein Projektmanagement-Planungstool?

[2] **Produkte definieren und analysieren**: Hierbei geht es um die tatsächliche Planung; also welche Produkte auf der jeweiligen Planungshierarchie geplant werden sollen. Auf der Projektplanebene würde man hier die Produktbeschreibung des Projektendprodukts (PEP), welche bekannterweise ja in dem Prozess „Vorbereiten eines Projekts SU" erstellt wird, niederschreiben. In dem Projektplan für Olympia wäre hier die erste grobe Beschreibung der fertigen Olympiade als auch die wichtigsten vom Projekt zu liefernden Teilprodukte wie die Stadien, das olympische Dorf und Ausbau der Themse und der Verkehrsinfrastruktur.

    2.1 **Produktstrukturplan erstellen**: Der Produktstrukturplan stellt eine hierarchische Planungsansicht dar. Dadurch wird ersichtlich, dass ganz oben die Produktbeschreibung des Projektendprodukts steht, das durch die tieferen Ebenen auf eine immer feinkörnigere Teilproduktstufe gebracht wird, bis man irgendwann auf der Aktivitätenebene angelangt ist. Auf der Ebene des Projektplans ist dieser Produktstrukturplan logischerweise sehr schlank gehalten, da dort keine tiefe Planung vorherrscht. Je schärfer man jedoch in die Planerstellung geht, wird vom Phasenplan bis hin zum Teamplan das Produktstrukturdiagramm immer weiter verfeinert.

    2.2 **Produktflussdiagramm erstellen**: Das Produktflussdiagramm stellt ebenfalls eine grafische Produktplanung, ähnlich wie der Produktstrukturplan, dar. Der Unterschied liegt hierbei vor allem im zeitlichen Aspekt. Im Produktflussdiagramm wird die geplante Produktentwicklung in einem zum Beispiel Gant-Diagramm grafisch aufgearbeitet. Hierbei gut zu erkennen ist der kritische Pfad der Produktentwicklung, der durch diese Aufbereitung sichtbar wird.

[3] **Aktivitäten und Abhängigkeiten identifizieren:** Hierbei geht es darum, die Aktivitäten zu anderen Produkten oder anderen Projekten zu identifizieren und niederzuschreiben und die dafür notwendigen Aktivitäten zum Managen der Abhängigkeiten zu planen. Abhängigkeiten, vor allem zu externen Zulieferern oder Parallelprojekten stellen in der Praxis oft ein enormes Risiko dar. Grund hierfür ist die Tatsache, dass der Fortschritt der Abhängigkeit außerhalb der Zuständigkeiten des Projektmanagers, oft sogar auch außerhalb der Zuständigkeit des LA liegt.

[4] **Schätzungen durchführen:** Hat man die Produkte, die Aktivitäten und die Abhängigkeiten identifiziert, geht es im Schritt „Schätzungen durchführen" um die Art Ressourcenplanung innerhalb des Projekts. Personen und Geld sind die wichtigsten Ressourcen, welche in richtiger Kombination für einen Plan allokiert werden müssen, damit ein Projekt erfolgreich ist.

[5] **Zeitplan erstellen:** Bevor ein fertiger Plan entstanden ist, fehlt noch die zeitliche Einschätzung, welche durch einen Zeitplan erstellt werden soll. Mit dem Zeitplan sind alle wichtigen Punkte eines Plans vollständig, womit der Plan seine Vollständigkeit erlangt.

3.5 Thema Fortschritt

Eingerichtete Mechanismen für einen repräsentativen Soll-Ist-Vergleich, der Abweichungen und damit verbundene Steuerungsmaßnahmen aufzeigen soll, stellen den Zweck des Themas „Fortschritt" dar.

Als Fortschritt bezeichnet man das Vorankommen innerhalb eines vorher definierten Plans. Der Fortschritt kann auf Projekt-, Phasen- oder Arbeitspaketebene überwacht und gesteuert werden. Im Grunde geht es darum, die richtige Information zum richtigen Zeitpunkt zu erhalten, um die richtige und notwendige Entscheidung treffen zu können.

3.5.1 Projektsteuerungsmittel

Der unten aufgeführte Kreislauf wurde innerhalb der vergangenen Zeilen zu Genüge beschrieben. Inzwischen sollten die hierfür aufgeschriebenen Schritte bekannt und verstanden sein.

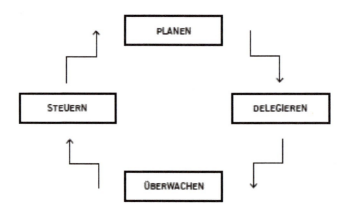

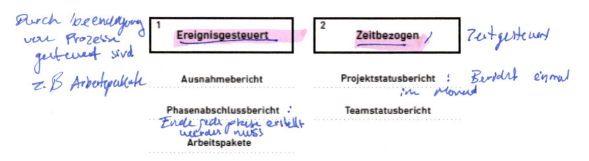

Handschriftliche Notizen:
- Zu "Ereignisgesteuert": Durch Beendigung von Prozessen gesteuert sind z.B. Arbeitspakete
- Zu "Zeitbezogen": Zeitgesteuert
- Zu "Projektstatusbericht": Bericht einmal im Monat
- Zu "Phasenabschlussbericht": Ende jeder Phase erteilt werden muss

3.5 Thema Fortschritt

Im Thema „Fortschritt" spielt der Projektsteuerungskreislauf jedoch nochmal eine weitere Rolle. Hier wird dieser als beispielhafte Beschreibung zur exakten Anwendung der Projektsteuerungsmittel verwendet: Planen, Delegieren, Überwachen und Steuern.

Wie bereits in Abschnitt 3.2 kurz darauf eingegangen wurde, werden die Projektsteuerungsmittel im Prozess „Initiieren eines Projekts (IP)" erstellt und ab dann verwendet. Für was genau werden sie aber verwendet?

Steuerungsmittel: Steuerungsmittel dienen als Werkzeuge, als Tool, welche den jeweils höheren Hierarchiestufen im Projekt helfen, den Fortschritt ihrer darunterliegenden Stufen zu managen.

Die jeweils höhere Hierarchiestufe kann somit:

- den bereits erzielten Fortschritt überwachen
- Soll-Ist-Abgleiche aufstellen
- bei Bedarf steuernd eingreifen
- Korrekturmaßnahmen neu planen
- das Geplante zu delegieren

Innerhalb der Steuerungsmittel unterscheidet man zwei Ausprägungen: die ereignisgesteuerten Steuerungsmitteln und die zeitgesteuerten Steuerungsmittel.

Ereignisgesteuert[1)]: Der wohl häufigste Trigger für die Erstellung eines Steuerungsmittels ist das Ereignis. Dies liegt daran, dass es innerhalb von Projekten oft unvorhergesehene Ereignisse gibt, die eine Aktivität nach sich ziehen. Das Ereignis an sich kann absolut unterschiedlich ausfallen. Meist sind es auftretende Risiken, kurzfristig auftauchende offene Themen oder aber auch ein Phasen- bzw. Projektabschluss, die einen Auslöser für die Erstellung eines Steuerungsmittels darstellen. Nun stellt sich dem aufmerksamen Leser sicher die Frage „Wie kann ein Phasen- oder Projektabschluss bitte ereignisgesteuert sein? Zeitlichgesteuert würde hier doch viel mehr passen." Grundsätzlich stimmt die Aussage. Jedoch ist der zeitliche Aspekt deshalb nicht gegeben, weil keine Garantie auf den Phasen- bzw. Projektabschluss gegeben werden kann. Die zeitgesteuerten Steuerungsmittel haben eine Erstellungsgarantie, die ereignisgesteuerten brauchen ein vorhergegangenes Ereignis. Typische ereignisgesteuerte Steuerungsmittel innerhalb von PRINCE2 sind: Ausnahmebericht in Folge einer Toleranzüberschreitung, Issue -Bericht infolge eines zum Beispiel Änderungsantrages, Arbeitspaket infolge eines neuen Todo´s, Phasenabschlussbericht infolge eines Phasenabschlusses, Erfahrungsbericht infolge eines Phasen- bzw. Projektabschlusses.

Auf den ersten Blick wird klar, dass es sich hierbei rein um Managementprodukte handelt, welche als Steuerungsmittel definiert sind.

Zeitbezogen[2]: Hier kommen Steuerungsmittel ins Spiel, die nur an einem vordefinierten Zeitpunkt innerhalb des Projekts erstellt werden. Gleich, was um das Projekt herum passiert, diese Mittel werden genutzt. Im Schaubild hier sind der Projektstatusbericht und der Teamstatusbericht erwähnt. Diese beiden Steuerungsmittel sind in der PRINCE2-Terminologie auch die beiden einzigen Steuerungsmittel, welche als zeitbezogen definiert sind.

In der Praxis bedeutet das, dass, gleich wie sich das Projekt verhält, das Team um die Teammanager bzw. Teilprojektleiter sowie der Projektmanager jeweils ihre Statusberichte erstellt und an die jeweils höhere Managementebene übermittelt. Das macht viel Sinn, da für die Form von Berichten kein Ereignis vorhergehen muss, wie es in den anderen Berichten bzw. Steuerungsmitteln sein muss.

3.5.2 Toleranzen und Ausnahmen

Wie bereits durch das Grundprinzip „Steuern nach dem Ausnahmeprinzip" bekannt ist, gebühren verschiedenen Management-Ebenen unterschiedliche Kompetenzbereiche, in denen frei von Gesprächen mit ihren Vorgesetzten entschieden werden darf. Hierbei helfen ihnen a) die Toleranzen und b) die Ausnahmen, die für sich sehr genau beschrieben sind.

a) Toleranzen: Eine Toleranz im Sinne von PRINCE2 ist ein von der höheren Projekt-Hierarchiestufe vorgegebener Bereich, in dem die untere Hierarchiestufe frei, ohne das Zutun der höheren Ebene, entscheiden und interagieren darf. Das hat zum Vorteil, dass 1. die höhere Stufe dank Delegation weniger Arbeit zu bewältigen hat, und 2. die niedrigere Stufe weniger zeitraubenden Abstimmungsaufwand auszuführen hat. Ganz abzusehen von den motivierenden Effekten, welche die unteren Stufen betreffen.
Toleranzen werden zum Beispiel vom LA an den Projektmanager übergeben und umfassen Dimensionen wie beispielsweise Zeit, Kosten, Qualität, Umfang, Nutzen oder Risiko. Wenn also ein auftretendes Ereignis, zum Beispiel eine unerwartet auftretende Kältewelle, die Zeittoleranz des Olympia-Stadion-Baus um die vereinbarten 14 Tage überschreitet, kommt eine Ausnahme „ins Spiel", die im folgenden Punkt genauer erläutert wird.

b) Ausnahmen: Eine Ausnahme stellt eine Überschreitung des vereinbarten Toleranzbereichs dar; also jener Moment innerhalb eines Projekts, in dem ein Ereignis eine der vereinbarten Toleranzen der Projektdimensionen verletzt bzw. voraussichtlich verletzen wird. Wenn also die bereits erwähnte Kältewelle das Projekt trifft, die zeitlichen Engpässe beim Bauen sich aber erst in einem Monat auswirken werden, aber bereits bekannt sind, handelt es sich um eine voraussichtliche Toleranzverletzung, was ebenfalls eine Ausnahme darstellt.
Eine Toleranz- bzw. eine vorläufige Toleranzüberschreitung zieht somit eine Ausnahme und die Ausnahme dann einen Ausnahmebericht mit sich. Dieser Ausnahmebericht stellt für die jeweilige Hierarchiestufe ein Eskalationswerkzeug dar, mit dem sie die jeweils höhere Stufe über das angefallene bzw. demnächst anfallende Ereignis informieren.

Welche Toleranzen zusammenfassend auf welche Projektebene treffen und welche Projektebene mit welchem Dokument berichtet oder eskaliert, stellt das folgende Schaubild dar und wird in den folgenden Zeilen genauer erläutert.

3 Projektinitiierung

Aufgaben werden von oben nach unten delegiert

Delegieren

```
┌─────────────────────────────────┐
│   Unternehmens- /               │
│   Programmmangement  / Kunde    │
└─────────────────────────────────┘
                                        ← Ankündigung
      Projekttoleranz    Fortschrittsbericht
┌─────────────────────────────────┐
│   Projekttoleranz / Spielmaße ± 5%   │
│       Lenkungsausschuss         │
└─────────────────────────────────┘
                                        ← Projektstatus
                                          bericht
                         Projektstatusbericht /
      Phasentoleranzen   Ausnahmebericht       Ausnahmebericht

┌─────────────────────────────────┐
│        Projektmanager →         │
│  Phasentoleranz: Für jede einzelne
│  phase kann man Phasentoleranz haben
└─────────────────────────────────┘
                         Teamstatusbericht
      Arbeitspakettoleranzen  / OP Bericht      ← z.B. durch
                                                 Issue Bericht
                                                 Teamstatusbericht
┌─────────────────────────────────┐
│ : Für Teammanager, sind hauptsächlich von
│   Zeit & Geld                   │
│          Teammanger             │
└─────────────────────────────────┘
```

Es wird von unten nach oben eskaliert

Unternehmens- bzw. Programmmanagement

Toleranzen: Je nachdem, ob das Projekt direkt an das Unternehmen oder an ein eventuell dazwischen geschaltetes Programm berichtet, stattet die jeweilige Ebene das Projekt bzw. in Vertretung natürlich den Lenkungsausschuss, mit entsprechenden Projekttoleranzen aus. Die Projekttoleranzen beziehen sich hierbei auf das Gesamtprojekt, mit allen Phasen, Teilprojekten und Dimensionen.

Berichts- bzw. Eskalationswerkzeug: Es gibt keine höhere Ebene an, die kommuniziert werden muss.

Lenkungsausschuss

Toleranzen: Der LA hat durch die Kompetenz des Unternehmens bzw. des Programms einen Toleranzpool für das Gesamtprojekt übertragen bekommen. Nun ist es seine Aufgabe, diese Toleranzen im richtigen Umfang an den Projektmanager weiterzugeben. Fakt ist, dass der LA niemals seine gesamten Projekttoleranzen an den Projektmanager in Form der hierfür vorgesehenen Phasentoleranzen übergibt. Wie der Name schon sagt, sind Phasentoleranzen für jede einzelne Managementphase zu bewerten und zu verteilen. Wie eine strukturierte Verteilung dieser Toleranzen aussehen könnte, folgt in diesem Kapitel zum Ende mit einem kleinen Exkurs.

Der LA übergibt dem Projektmanager für die anstehende Phase die geeignete Menge an Phasentoleranzen, mit denen der Projektmanager unter Annahme des aktuell gültigen Phasenplans zurechtkommen sollte.

Berichts- und Eskalationswerkzeug: In der Terminologie von PRINCE2 ist auf die Frage, wie der LA mit dem Unternehmens- bzw. Programmmanagement kommuniziert, keine Antwort zu finden. Da es sich mit PRINCE2 um ein Projektmanagement-Framework handelt, ist auf diese Frage auch nicht unbedingt eine Antwort zu erwarten. Andere von AXELOS, dem Rechteinhaber von PRINCE, entwickelte Frameworks wie zum Beispiel *MSP® Managing Successfull Programs* beschäftigen sich sehr tiefgehend mit der Fragestellung, wie das richtige Management von Projekten innerhalb einer groß-angelegten Programmstruktur abläuft. In dem vorstehend aufgeführten Schaubild ist jener Bericht als „Fortschrittsbericht" frei von uns definiert worden.

Projektmanager

Toleranzen: In der Phase angekommen, entwickelt der Projektmanager auf Basis seiner Phasentoleranzen und in Abstimmung mit seinem Teammanager Toleranzen, mit denen der Teammanager innerhalb der Erstellung der Produkte klarkommen muss. Die hier beschriebenen Toleranzbereiche werden als „Arbeitspaket-Toleranzen" beschrieben. Allein durch die Begrifflichkeit wird klar, dass pro vereinbartem Arbeitspaket ein Stück der Phasentoleranz bereitgestellt wird. Da es sich hierbei um eine hochfachliche Fragestellung handelt und der Projektmanager, bekanntermaßen nicht unbedingt fachliches Know-how besitzen muss, ist hier eine hohe Integrität seitens des Teammanagers gefordert, dem Projektmanager ehrlich gegenüberzutreten und nicht in hohem, unangemessenen Maße Toleranzen für seine Arbeitspakete zu entziehen.

Berichts- bzw. Eskalationswerkzeug: Wie wir bereits am Anfang dieses Abschnitts 3.5.2 näher erläutern konnten, muss der Projektmanager bei einer Toleranzüberschreitung dem LA diese Toleranz in Form eines Ausnahmeberichts eskalieren. Jedoch wird es auch Phasen geben, an denen der Projektmanager keine Toleranzüberschreitung vorzuweisen hat, sondern einfach nur normal berichten muss. Hierfür wird entweder das zeitgesteuerte Steuerungsmittel „Projektstatusbericht" (normaler Zwischenstand des Projekts) verwendet oder das ereignisgesteuerte Steuerungsmittel „Phasenabschlussbericht" (normaler Bericht der abgeschlossenen Phase). Interessant ist die Tatsache, dass innerhalb eines Phasenabschlussberichtes, trotz keiner Toleranzüberschreitung, auf die Situation der vereinbarten Toleranzen eingegangen wird; also wie viel der vereinbarten Toleranzen ausgenutzt wurden. Diese Information ist für den LA ausgesprochen wichtig, muss er sich doch innerhalb der nächsten Zeit um die nächste Verteilung der Phasentoleranzen kümmern. Eine Berücksichtigung von nicht verwendeten Toleranzen ist in dem Zusammenhang natürlich wichtig, um eventuell die nächste

Phase besser planen zu können oder um die Toleranzen großzügiger zu verteilen, da ja noch genügend Puffer aus der vergangenen Phase vorhanden sind.

Teammanager

Toleranzen: Auf der Arbeitspaketebene angekommen, ist der Teammanager mit seinem Team am Arbeiten und Entwickeln. Hierbei ist die feinkörnigste Ebene des in PRINCE2 beschriebenen Projektmanagements erreicht.

Berichts- bzw. Eskalationswerkzeug: Natürlich muss der Teammanager in einem vereinbarten Zeitraum seine normalen Berichte an den Projektmanager übermitteln. Dieser Bericht wird in PRINCE2 als Teamstatusbericht beschrieben. Ebenfalls kann der Teammanager aber auch auf Grundlage eines Ereignisses einen Bericht an den Projektmanager verfassen. Zum Beispiel, wenn ein Änderungsantrag gestellt oder ein Risiko identifiziert wurde. Diese Ereignisse werden in PRINCE2 als „Issue", der dazugehörige Bericht als so genannter „Issue-Bericht" beschrieben. Hier sollte direkt das bereits bekannte und im Prozess-Initiieren eines Projekts (IP) erstellte „Issue-Register" in Erinnerung geraten. Dieses stellt das Dokument dar, in dem jeder „Issue" eingetragen wird.

Exkurs – Verhandlung von Toleranzbereichen

Top-Down-Prinzip: Dieses Prinzip beschreibt einen Toleranzvorschlag seitens der höheren Hierarchieebene. Das hat zum Vorteil, dass meist keine großen „Puffer" miteinbezogen werden. Der klare Nachteil dieser Methodik ist, dass meist das tiefgehende Wissen über die Materie fehlt, weshalb Toleranzen oft fehlallokiert werden.

Bottom-Up-Prinzip: Hierbei macht die tiefere Hierarchieebene der höheren Ebene einen Toleranzvorschlag. Das hat den Vorteil, dass die Budgets mit einer sehr hohen Transparenz und fachlichen Güte geplant worden sind. Der Nachteil hierbei ist jedoch, dass die planende Ebene oft hohe Puffer mit einbezieht, um sich selbst hierdurch mehr Spielraum zu schaffen. In der Praxis führt das oft zu enormem Mehraufwand, da falsch allokierte Toleranzen bereitgestellt werden.

Gegenstromverfahren: Eine Möglichkeit, den Nachteilen beider Prinzipien zu entfliehen und die Vorteile zu bündeln, ist das Gegenstromverfahren. Hierbei machen die unteren Ebenen einen ersten Vorschlag, der mit der höheren Ebene verhandelt und in den meisten Fällen auch angepasst wird. Hierdurch entsteht der klare Vorteil, dass offen über die Toleranzen gesprochen wird.

In der Praxis findet das Gegenstromverfahren die häufigste Anwendung. Auch wenn beiden Parteien das „Spiel" bekannt ist und daher aus Prinzip ein Puffer aufgeschlagen wird, damit die höhere Ebene aus Prinzip eine Kürzung durchführt, kann man sagen, dass es sich dennoch bewährt hat.

Natürlich verbleibt es situativ der Kultur des Projekts selbst darüber zu entscheiden, wie solche Toleranzen vereinbart werden.

3.5.3 Management vs. Technische Phasen

Innerhalb der PRINCE2-Terminologie wird regelmäßig über die für das Thema „Fortschritt" essentielle Managementphase gesprochen. Innerhalb dieser hat der Projektmanager seine Toleranzen und seinen Managementbereich zu verantworten.

Was für den Projektmanager die Managementphase darstellt, sind für den Teammanager die technischen Phasen das Pendant.

Im Folgenden werden zum einen nochmal die Unterschiede beider Phasen klargemacht, zum anderen wird aber auch beschrieben, wie die Einteilung und die Planung solcher Phasen auszusehen hat. Gerade in Bezug auf die Reportingkultur ist diese Fragestellung von entscheidender Bedeutung.

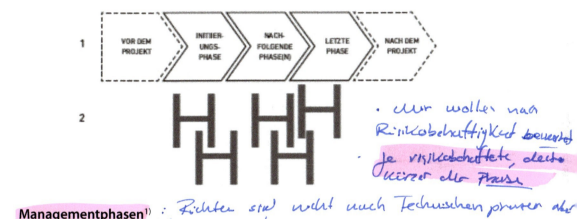

Managementphasen[1]

Managementphasen sind Etappen eines Projekts, die an vorhersehbaren Entscheidungspunkten ausgerichtet sind. Sie unterstützen das Grundprinzip Steuern über Managementphasen, indem Befugnisse (Toleranzen) phasenweise an den Projektmanager weiterdelegiert werden.

Darüber hinaus haben Managementphasen folgende Eigenschaften:

- Sie stellen Prüfpunkte dar, an denen der Lenkungsausschuss das Projekt revidiert.
- Am Ende einer Managementphase wird eine neue Zusage für Ressourcen und Mittel erteilt.
- Sie folgen immer nacheinander und überlappen sich nicht.
- Sie bieten die Möglichkeit, die Projektrahmenbedingungen anzupassen.

Zur Festlegung von Managementphasen müssen grundsätzlich mehrere Elemente gegeneinander abgewogen werden:

- Wie risikoreich ist ein Projekt? → Je riskanter, desto mehr Kontrollpunkte sollte es geben, desto mehr Managementphasen sollten geplant werden.

- Wann im Projekt sind die wichtigen Entscheidungspunkte? → Große, essentielle Ereignisse sollten schon früh bekannt sein, und nach denen sollten auch die Managementphasen geplant werden.
- Welche wichtigen Ereignisse innerhalb der Organisation finden wann statt? → Sollte die Quartals- bzw. Jahresabschlussprüfung auf das Ende einer Managementphase fallen, ist auszugehen, dass sehr wenige Entscheidungsressourcen bereitstehen.

Zu wenige, lange Managementphasen bieten zu wenige Steuerungsmöglichkeiten; zu viele, kurze Managementphasen stellen hingehen einen hohen administrativen Aufwand dar.

Hier ist die subjektive Einschätzung des Projektmanagers und des Lenkungsausschusses gefragt.

Technische Phasen[2]

Eine technische Phase wird in der Methodik von PRINCE2 als den Zusammenschluss von vielen Arbeitspaketen beschrieben. Typischerweise zielen einige Arbeitspakete auf ein großes Ganzes ab. Würde man hier mehr Agilität einfließen lassen, kann man auch sagen, dass eine technische Phase ein Sprint innerhalb einer Managementphase darstellt.

Beispielhafte technische Phasen sind „Entwickeln", „Umsetzen", „Test" und „Roll Out", innerhalb deren das jeweilige Team sich nur um diese Thematik kümmert. Andere technische Phasen könnten auch „Bau der 1. Etage" oder „Bau des Daches" sein.

Im Gegensatz zu Managementphasen können auch sehr viele technische Phasen gleichzeitig freigegeben werden, solange genügend Teammanager zur Verfügung stehen. Zu beachten ist hierbei lediglich die Tatsache, dass technische Phasen mit dem Ende einer Managementphase auch zum Ende kommen sollten. Hierbei liegt die Betonung auf „sollte". Da dies nie zu 100 Prozent garantiert sein kann, gibt PRINCE2 als Workaround-Lösung die so genannte „Produktzwischenabnahme" vor. Die Produktzwischenabnahme besagt, dass eine qualitätsverantwortliche Person sich die erstellten Produkte ansieht, bewertet und bei einem positiven Befund das Überlappen der technischen Phase akzeptiert.

3.6 Prozess-Managen eines Phasenübergangs (SB)

Der Zweck des Prozess-Managen eines Phasenübergangs (im Englischen „Stage Boundary" (SB)) besteht darin, dem Lenkungsausschuss genügend Informationen zukommen zu lassen, damit dieser über den Erfolg der jeweiligen Phasen entscheiden, den aktualisierten Projektplan prüfen und die geschäftliche Rechtfertigung weiterhin erkennen kann. Daher wird dieser Prozess gegen Ende der jeweiligen Phase parallel zum Prozess „Steuern einer Phase (CS)" durchgeführt. Am Ende der letzten Managementphase wird das Prozess-Managen eines Phasenübergangs (SB) durch den Prozess „Abschließen eines Projekts (CP)" ersetzt. Im Folgenden unterscheiden wir den Prozess (SB) in die Erreichung eines Phasenübergangs zum einen (Normalfall) und in die Anforderung eines Ausnahmeplans zum anderen (bei vorhergegangener Ausnahme).

Ziel des Prozesses bei einem „normalen" Phasenübergang ist es,

- **… den Phasenplan inklusive Produktbeschreibungen für die nächste Phase zu planen**[1]: Gegen Ende der noch laufenden Phase wird seitens des Projektmanagers die nächste Managementphase inklusive der hierfür notwendigen Produktbeschreibungen in Abstimmung mit dem Teammanager geplant.
- **… den Projektplan zu aktualisieren**[2]: Ist die nächste Phase samt Produktbeschreibungen im neuen Phasenplan geplant worden, müssen diese neue Ausprägung und eventuelle Änderungen natürlich auch im Projektplan aktualisiert werden. Der Projektplan wird in seinem ersten Entwurf in enger Abstimmung von Auftraggeber und Projektmanager erstellt, im Folgenden aber alleine seitens des

3 Projektinitiierung → 146

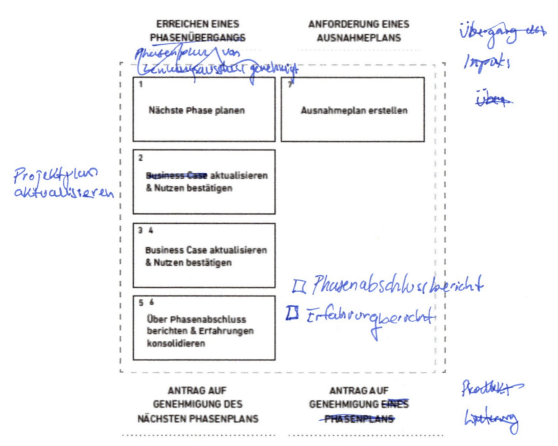

Projektmanagers aktualisiert und dann am Ende der Phase bzw. auch am Ende des Prozesses SB dem LA zur Genehmigung vorgelegt.

- **… den Business Case zu aktualisieren**[3]: In der vorangegangenen Phase sind sicherlich eine Vielzahl an Änderungen seitens der im Business Case beschriebenen

Inhalte aufgetreten. Es könnten neue Hauptrisiken dazu gekommen sein, der erwartete Nutzen könnte sich angepasst haben, das Budget wurde gekürzt... Alle diese neuen Aspekte gehören in das Business Case-Dokument, welches bekanntermaßen die geschäftliche Rechtfertigung darstellt. Diese muss natürlich getreu dem Grundprinzip „fortlaufende geschäftliche Rechtfertigung" auch am Ende einer jeweiligen Phase dem LA mittels des aktualisierten Business Case aufgezeigt werden.

- ... **eventuell auftretender Nutzen im Nutzenmanagementansatz zu berücksichtigen**[4]: Wie im Thema „Business Case" schon sehr ausgiebig erklärt wurde, wird der erwartete Nutzen im Dokument bzw. Managementprodukt „Business Case" niedergeschrieben, der tatsächlich erlangte Nutzen jedoch im Managementprodukt „**Nutzenmanagementansatz**". Der am Ende erlangte Nutzen wird sich sicher erst nach einer gewissen Zeit nach dem Projekt einstellen. Gewisse Teilnutzen können aber dennoch schon während der Projektlaufzeit auftreten.

So könnte eine der Londoner Fußballmannschaften bereits vor Beginn der Olympiade im neuen, fertig erbauten Stadion ihre Spiele abhalten und so bereits während der Projektlaufzeit einen Nutzen erzielen.

Dieser Nutzen sollte immer am Ende der jeweiligen Phase identifiziert und im „**Nutzenmanagementansatz**" niedergeschrieben werden.

- ... **Phasenabschlussbericht zu erstellen**[5]: Im folgenden Prozessschritt wird dem LA der zeitgesteuerte Phasenabschlussbericht vom Projektmanager erstellt. Er stellt eine Form dar, welche über den Erfolg und Misserfolg der zurückgelegten Phase berichtet.

- ... **Erfahrungen aus der letzten Phase im Erfahrungsprotokoll zu konsolidieren**[6]: Das Grundprinzip „Lernen aus Erfahrung" besagt, dass neben dem ersten großen Erfahrungsaustausch bei Projektbeginn auch während der Projektlaufzeit an sich ein Erfahrungsaustausch stattfinden soll. Dieser Erfahrungsaustausch sollte anhand des Erfahrungsprotokolls geschehen. In der vorhergegangenen Phase sollte der Projektmanager samt Projektteam das Erfahrungsprotokoll mit denen in der letzten Phase gemachten Erfahrungen befüllen und beschreiben. Dies geschieht ebenfalls im letzten Prozessschritt des Prozesses „SB".

Der Output des Prozesses „Managen eines Phasenübergangs (SB)" ist ein Antrag auf Genehmigung des nächsten Phasenplans, welche der LA nun auf Grundlage der eben erstellten Dokumente zu bewilligen oder zu verweigern hat.

Ziel des Prozesses bei einer „Anforderung eines Ausnahmeplans" ist es [7],

- den Ausnahmeplan zu erstellen, um dem Lenkungsausschuss alle Informationen darüber zu liefern,
- vom Lenkungsausschuss die Genehmigung einzuholen, um den aktuellen Phasenplan durch den Ausnahmeplan zu ersetzen und den Projektplan anzupassen.
- Wichtig: speziell im Ausnahmefall muss der Business Case grundlegend geprüft werden, um weiterhin die geschäftliche Rechtfertigung bestätigen zu können.

3.7 Thema Risiko

Das Thema „Risiko bzw. Risikomanagement" ist innerhalb vieler Projekte das Thema mit dem höchsten Gewicht für den Projekterfolg. Je mehr und je besser man Risikomanagement betreibt, desto exponentieller steigt die Chance, das Projekt mit Erfolg abzuschließen. Umgekehrt wirkt sich dieser Effekt natürlich auch progressiv negativ auf den Projekterfolg aus. Das ist einer der Gründe, weshalb dem Thema „Risiko" innerhalb der PRINCE2-Terminologie mit am meisten Zeit gewidmet wird.

Zweck des Themas „Risiko" ist, Unsicherheiten im Kontext zu den Projektzielen zu identifizieren, zu bewerten, eventuelle Gegenmaßnamen zu planen und die richtigen Schritte zur Implementierung einzuleiten.

Das Thema „Risiko" sollte innerhalb eines Projekts proaktiv angegangen werden. So erhöht man die Erfolgschancen, da durch weitsichtige Risikobehandlung der Überraschungseffekt der Risiken deutlich minimiert wird.

3.7.1 Risiko Definition

Definition von Risiko[1]

Laut PRINCE2 und auch der ISO-Norm 31.000 ist ein Risiko nicht pauschal als negativ zu betrachten, sondern stellt vielmehr eine Unsicherheit dar. Ein Risiko ist in zwei Richtungen denkbar: Bedrohung und Chance.

Bedrohung[2]

Eine Bedrohung bezeichnet ein unsicheres Ereignis, welches negativen Einfluss auf die Projektziele haben könnte. Wichtig ist hierbei das Keyword „negativ". Eine Bedrohung kann nie eine positive Auswirkung mit sich bringen.

Chance[3]

Als Chance bezeichnet man ein unsicheres Ereignis, welches positiven Einfluss die die Projektziele haben könnte. Wichtig ist hierbei das Keyword „positiv".

Innerhalb der PRINCE2-Risikodefinition unterscheidet man in Risikoursache, Risikoereignis und Auswirkung auf die Projektziele. Im folgenden Merksatz sind alle drei Begrifflichkeiten aneinanderhängend verwendet, um den Zusammenhang klar zu machen.

Eine **Risikoursache** kann ein **Risikoereignis** auslösen und hat **Auswirkungen** auf die **Projektziele**.

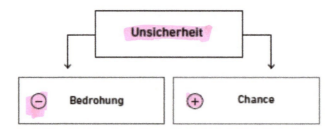

RISIKODEFINITION

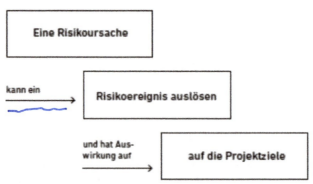

Risikoursache[4]

Ist der nahbarste Grund, weshalb ein Risikoereignis überhaupt entstehen kann. Bsp.: Grippewelle.

Risikoereignis[5]

Das Geschehen, welches eine Auswirkung auf das Projektziel haben kann. Bsp.: Mitarbeiter der Baufirma werden durch die Grippewelle krank.

> **Auswirkung**[6]
>
> Die letztlich das Projekt betreffende Wirkung. Wichtig ist hierbei, dass die Auswirkung ein Kontext auf das Projekt bzw. das Projektziel vorweist. Bsp.: Stadion wird nicht rechtzeitig fertig gebaut.

3.7.2 Prozesse im Risikomanagement

Der Prozess innerhalb des Risikomanagements beschreibt das Verfahren zur Erkennung und Bewertung einzelner Risiken sowie der Planung und Umsetzung der Gegenmaßnamen. Risikomanagement ist kein konkreter Zeitabschnitt eines Projekts, sondern umschließt vielmehr die Dauer des Gesamtprojekts. Es muss dauerhaft neben dem Tagesgeschäft mitfunktionieren.

Die Frage, wie im Projekt Risikomanagement betrieben wird, wird in der Risikomanagementstrategie eines Projekts festgehalten. Die Risikomanagementstrategie wird im Prozess „Initiieren eines Projekts (IP)" indikativ erstellt, im Laufe des Projekts jedoch bei Bedarf jederzeit angepasst. Auch tritt der Fall ein, dass eine Risikomanagementstrategie vom Unternehmen vorgegeben ist. Dies ist meist in großen bzw. regulierten Unternehmen, wie an der Börse gelistete Unternehmen oder Banken, der Fall.

Der Risikomanagementansatz

Der **Risikomanagementansatz** ist eine Policy, die beschreibt, welche Ziele durch das Risikomanagement erreicht werden sollen, welche Rollen und Verantwortlichkeiten es gibt, wie hoch die Risikotoleranz ist, welche präferierte Risikobehandlungsmaßnahme es innerhalb des Projektes gibt, etwaige zeitliche Aspekte sowie die geforderten Berichtsanforderungen. Oftmals wird der **Risikomanagementansatz** aus der Unternehmens- oder Programmmanagementstrategie übernommen.

Im folgenden Schaubild sind die Schritte des Risikomanagements aufgezeigt, welche in den folgenden Zeilen genauer beschrieben werden.

128   3 Projektinitiierung

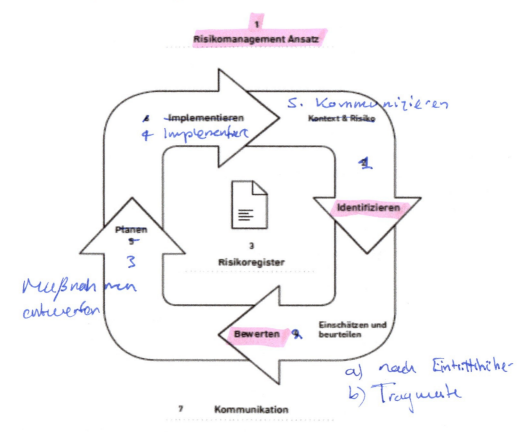

Kontext und Risiko identifizieren

Es muss herausgefunden werden, ob es Risiken gibt, die die Ziele des Projekts tangieren. Hierbei ist der vorhandene Kontext zum Projekt zu beachten. Es gibt durchaus Risiken, die während eines Projekts bestehen. Eine Investition in die Staatsanleihe von

Venezuela ist laut den bekannten Rating-Agenturen eine risikoreiche Finanzinvestition. Solange der Projektleiter der Olympischen Spiele das Projektbudget nicht in diese Staatsanleihe investiert hat, besteht zwischen dem grundsätzlich hohen Risiko und dem Projektziel kein Zusammenhang. Daher wird die Anleihe aus Venezuela nicht berücksichtigt.

Neben dem Kontext muss aber auch die Eintrittsnähe gegeben sein: dass die Erde irgendwann durch die Explosion der Sonne „untergeht", ist wissenschaftlich zu 100% belegt. Um festzustellen, dass die Explosion der Sonne eine enorme Auswirkung auf den Projekterfolg hat, braucht es keinen Wissenschaftler. Wieso aber berücksichtig man dann dieses Risiko nicht im Projekt? Die Antwort auf diese Frage ist ganz einfach: es besteht kein zeitlicher Zusammenhang; die Eintrittsnähe ist einfach nicht gegeben.

Identifizierte, eintrittsnahe und mit einem Projektkontext versehene Projektrisiken müssen im Risikoregister notiert und beschrieben werden, damit alle Projektbeteiligten informiert sind.

Das Risikoregister

Das Risikoregister ist eine Sammelkartei, in der jedes Einzelrisiko dokumentiert und in Stichpunkten mit der nötigsten Information beschrieben wird. Wird kein Projektmanagementtool verwendet, ist die meistgewählte Form der Darstellung eine umfangreiche Excel-Tabelle mit typischen Spalten wie: ID (fortlaufende Nummer), Beschreibung, Eintrittswahrscheinlichkeit, Auswirkung, Verantwortlichkeit etc.

Risiken müssen durch eine Einschätzung und Beurteilung, bewertet werden

Hier werden bereits identifizierte Risiken beispielsweise in einem Risikoprofil (siehe Abbildung auf Seite 132) taxiert. Zu beachtende Kriterien sind die Eintrittsnähe, die Eintrittswahrscheinlichkeit und die Auswirkung. Daraus resultiert die gesamte Risikobelastung.

Risiken müssen mit Gegenmaßnahmen geplant werden

Wie im folgenden Abschnitt 3.7.5 noch näher beschrieben wird, muss im nächsten Schritt die Gegenmaßnahme für ein identifiziertes Risiko geplant werden. Wenn also eine Grippewelle als potenzielles Risiko identifiziert wird und die Auswirkung konkret bewertet wurde, muss im nächsten Schritt die Maßnahme geplant werden, die zum Beispiel zur Minderung der Grippewelle beiträgt. Die Grippewelle zu mindern wäre nur eine von vielen Maßnahmen, die zu einer richtigen Risikoplanung zur Verfügung stehen würde.

Implementierung der Gegenmaßnahmen

Im letzten Schritt des Risikomanagementprozesses geht es um die reine Implementierung der im vorher durchgeführten Schritt geplanten Maßnahme. Da die Implementierung eine hochfachliche Fragestellung abbildet, wird dieser Prozessschritt innerhalb der PRINCE2-Terminologie nur sehr rudimentär beschrieben.

Wo das Framework hingegen die richtigen Informationen zum Prozessschritt „Implementierung" verlauten lässt, ist bei der Frage nach den dafür benötigen Rollen und Verantwortlichkeiten zu finden. Die richtige Implementierung benötigt, einfach gesagt, die richtigen Personen. Welche Personen im Thema „Risiko" wichtig sind, wird in Abschnitt 3.7.4 genauer beschrieben.

Für alle soeben beschriebenen Prozessschritte kommt der für Risikomanagement wichtigste Bestandteil ins Spiel: **Kommunikation**[7]. So trivial es klingen mag, so anspruchsvoll ist die gute Durchführung innerhalb eines Projekts. Hierbei sollte das altbewährte Prinzip der Bundeswehr ins Spiel kommen: Melden macht frei und belastet den Vorgesetzten. Kleiner Scherz am Rande, aber im Prinzip ist es so.

Wenn ein Risiko identifiziert wird, sollte die Person es schnellstens melden. Oft verschließen sich hierbei Personen und versuchen, das Risiko alleine zu bearbeiten. Das führt in den seltensten Fällen zum Erfolg. Vor allem dann nicht, wenn die Person nicht in der Lage ist, das Risiko richtig einzuschätzen. Die Beweggründe sind hierbei ganz unterschiedlich: Selbstverwirklichung, Anerkennung oder einfach die Naivität, es nicht melden zu müssen.

3.7.3 Das Risikoprofil

Hierbei handelt es sich um eine Darstellungsoption der Einschätzung der identifizierten Risiken. Das Risikoprofil stellt im Grunde genommen die Visualisierung des 2. Prozessschrittes „Bewerten – Einschätzen und Beurteilen" dar. Wichtig ist, dass es sich hierbei um eine Option handelt, die seitens PRINCE2 mit an die Hand gegeben wird.

Innerhalb des Risikoprofils unterscheidet man zwei Achsen. In unserem Schaubild haben wir die X-Achse mit der Eintrittswahrscheinlichkeit versehen. Unter der Eintrittswahrscheinlichkeit versteht man die Aussicht auf das Eintreten eines Risikoereignisses. In den meisten Fällen wird diese Zahl in Prozent angegeben.

Auf der Y-Achse ist die Auswirkung auftragen. Unter der Auswirkung versteht man die in den meisten Fällen monetisierte Risikoeinschätzung, welche bei Eintritt auf das Projekt trifft. In unserem Beispiel ebenfalls mit Zahlen versehen.

Innerhalb des Risikoprofils gibt es verschiedene Bereiche, innerhalb deren man verschiedene Arten von Risikomanagement ausübt. Die in dem Beispielbild aufgeführte Ebene links unten beschreibt die so genannte Risikobereitschaft.

Risikobereitschaft[1]: Die Risikobereitschaft beschreibt die Akzeptanzgrenze, innerhalb deren das Projekt bereit ist, Risiken ohne Risikomanagement entgegenzutreten. Faktisch ist es dem Projekt gleichgültig, ob das Risiko eintritt oder nicht, da das Management an sich einen höheren Aufwand mit sich bringen würde als das Risiko, das man tragen würde.

132 3 Projektinitiierung

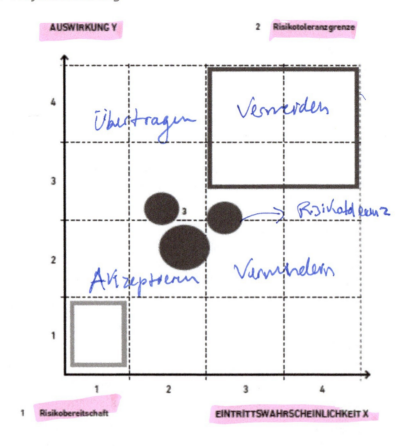

Im Schaubild ist weiter dann noch die Ebene rechts oben zu erkennen. Diese stellt die so genannte Risikotoleranzgrenze dar.

Risikotoleranzgrenze[2]: Eine Grenze, bei deren Überschreitung der Projektmanager das identifizierte Risiko unverzüglich eskalieren muss. Das Einzelrisiko stellt an sich eine so hohe Belastung für das Projekt dar, dass die Toleranzen des Projektmanagers ausgeschöpft und überschritten wurden. Wo in dem Risikoprofil die Risikotoleranzgrenze einzusetzen ist, kann hier nur beispielhaft aufgezeigt werden. Fest steht, dass die Risikotoleranzgrenze innerhalb jedes Projekts individuell zu bestimmen ist.

Risikotoleranz[3]: Der vereinbarte Grenzwert der Gesamtrisikobelastung, der bei Überschreitung die Erstellung eines Ausnahmeberichts erforderlich macht. Hierbei zieht man nicht ein Einzelrisiko zur Bewertung heran, sondern bewertet das Konglomerat an Risiken innerhalb des Projekts. Auch diese können in Summe eine enorme Risikobelastung darstellen, welche mit einer Toleranzbeschreibung innerhalb der Risikomanagementstrategie festgelegt wurde.

3.7.4 Rollen innerhalb des Risikomanagements

Innerhalb des Risikomanagements gibt es Rollen zu vergeben, welche eine Grundvoraussetzung darstellen, um effektives Risikomanagement betreiben zu können. Ähnlich wie in der Projektorganisation an sich gibt es die Rolle des Managers, der unbedingt organisatorische Skills mit sich bringen muss, sowie die Rolle des Durchführenden, der das fachliche Know-how zur Implementierung mitbringen sollte. Der fachliche Experte ist für die Durchführung verantwortlich, der Manager hat am Ende die Ergebnisverantwortung. Das heißt, dass es im Verantwortungsbereich des Managers liegt, die richtige fachliche Person zur Implementierung der Gegenmaßnahme dafür einzuspannen, also zu delegieren.

Die Rolle des Managers wird innerhalb von PRINCE2 als Risikoeigentümer beschrieben.

Risikoeigentümer[1]: Der Risikoeigentümer bringt die beste Voraussetzung für das Management des Risikos mit sich. Oft kennt er sich auch mit dem Eintritt eines Risikos aus, hat jedoch nicht die Skills, die Gegenmaßnahmen einzuführen. Darüber hinaus verfügt der Risikoeigentümer über die Budget- und Delegationsbefugnis für dieses Risiko.

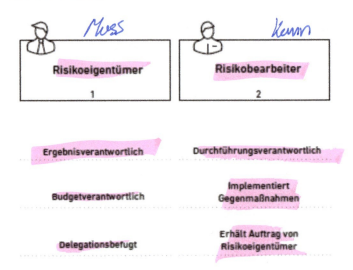

In unserem Beispiel der Olympiade hat sich ein neues Risiko ergeben. Die Wettersituation im Königreich hat sich verschlechtert. Es regnet und stürmt im Grunde genommen dauerhaft. Der dafür anfällige Großfluss Themse stellt nun ein erhöhtes Hochwasserrisiko dar. Falls die Themse über die Ufer tritt, würde das Olympische Dorf überflutet werden. Man muss kein Bauleiter sein, um feststellen zu können, dass eine überflutete Baustelle keine Vorteile mit sich bringt

Der Projektmanager ist voll ausgelastet. Er hat keine Zeit, um sich um das Management des Risikos zu kümmern. Er kommt aber auf die großartige Idee, dass seine Oma Elly, eine alte, gut erzogene britische Dame, einen großen Zeitüberschuss am Tag vorweist. Dazu kommt noch, dass die Oma früher eine Elite-Polizistin der Wasserschutzpolizei von London war. Sie kennt sich super mit den Gegebenheiten der Themse aus. Sie weiß, wann der Pegel erreicht ist, bei dem eine Überschwemmung nicht mehr zu vermeiden ist. Kurz gesagt, ist sie die beste Person in London, die sich um das

Management dieses Risikos kümmern sollte. Sie bekommt vom Projektmanager die volle Delegationsbefugnis sowie die dafür nötige Budgetverantwortung.

Die Rolle, die sich innerhalb der PRINCE2-Terminologie um die Implementierung der Gegenmaßnahme kümmert, ist der Risikobearbeiter.

Der Risikobearbeiter[2]: Der Risikobearbeiter bringt die beste Voraussetzung für die Implementierung der Gegenmaßnahme mit. Er trägt die Durchführungsverantwortung und erhält in dem Zusammenhang die Aufträge vom Risikoeigentümer. Es kann durchaus der Fall eintreten, dass Risikoeigentümer und Risikobearbeiter dieselbe Person sind. Vor allem in kleinen Projekten ist das sogar die Regel. Hier wird diese Aufgabe auch oft von dem Projektmanager selbst übernommen.

In unserem Beispiel kommt es aber nicht in Frage, dass unsere Oma Elly noch selbst die Implementierung durchführt. Sie ist mit ihren 78 Jahren zwar noch gut „in Schuss", jedoch kann sie nicht die kg-schweren Sandsäcke tragen, die wir als Gegenmaßnahme implementieren wollen. Hierzu braucht es einen echten Fachmann.

Wer könnte da besser passen als ihr Enkel Harry. Harry steht mitten im Leben und vor allem seit ein paar Wochen mitten im Fitnessstudio. Beste Voraussetzungen, um die Implementierung durchzuführen. Er bekommt von seiner Oma, der Risikoeigentümerin, den Auftrag, die Sandsäcke zu implementieren.

Nachdem die Implementierung positiv verlaufen ist, wird ein Vermerk im Risikoregister gemacht und dieses Risiko „abgehakt".

3.7.5 Kategorien der Risikobehandlung

Damit die im vorhergegangenen Abschnitt beschriebenen Rollen innerhalb des Risikomanagements auch genügend Auswahl bezüglich der Risikobehandlung zur Verfügung haben, sind innerhalb der PRINCE2-Methodik eine Vielzahl an Risikobehandlungsmaßnahmen beschrieben. Auch hierbei wird wieder zwischen der negativ wirksamen Bedrohung und der positiv wirksamen Chance differenziert.

Für die Bedrohung[1] **werden folgende 6 Kategorien vorgeschlagen:**

- **Akzeptieren**[2]: Die wohl einfachste Art und Weise, mit einer Bedrohung innerhalb eines Projekts umzugehen, ist es, die Bedrohung zu akzeptieren und nichts zu machen. Wir erinnern uns hierbei an die im Risikoprofil beschriebene Risikotoleranzgrenze, die sehr früh im Projekt festgelegt wurde.

  Die Themse, die vor einer Überschwemmung steht, müsste demnach keine großen Folgen auf den Projekterfolg aufweisen, wenn wir diese Bedrohung innerhalb der Risikotoleranzgrenze sehen würden.

- **Vermeiden**[3]: Die konsequenteste Art und Weise, mit einer Bedrohung umzugehen, ist die Vermeidung. Um das Risiko entweder bei seinem Eintritt oder in seiner Auswirkung vollkommen zu vermeiden, bedarf es entweder horrender Summen im Risikobudget oder der Bereitschaft, das Projekt ganz oder teilweise aufzugeben.

  Bei der Olympiade ist anzunehmen, dass man nicht von einem Projektende ausgehen sollte, „nur" weil Hochwasser die Bauarbeiten blockiert. In dem Moment, wo diese Bedrohung auf das Projekt trifft, ist der bekannte „Point of no Return" nahezu mit Sicherheit bereits erreicht worden. Somit müssten hohe Summen in die Hand genommen werden, um die Bedrohung Themse wirklich vollumfänglich zu vermeiden. Ein Damm beispielsweise würde helfen, würde aber sicher den budgetären Umfang des Projekts völlig sprengen. Bleibt die Frage, ob denn Vermeiden in diesem Kontext überhaupt die richtige Risikobehandlungsmaßnahme wäre? Die Antwort hierauf wäre sicher: nein. Wenn die Maßnahme den Projektrahmen derart sprengen würde, würde sich sicher dagegen entschieden und eine der noch folgenden Aktivitäten stattdessen gewählt werden.

- **Reduzieren**[4]: Reduzieren ist ähnlich wie Vermeiden anzusehen. Entweder wird die Eintrittswahrscheinlichkeit oder die Auswirkung reduziert. Der Unterschied zur Vermeidung ist jedoch, dass bei der Reduzierung die Bedrohung in Höhe von X noch bestehen bleibt, wohingegen das Ziel der Vermeidung ist, die Bedrohung auf 0 zu reduzieren.

3.7 Thema Risiko

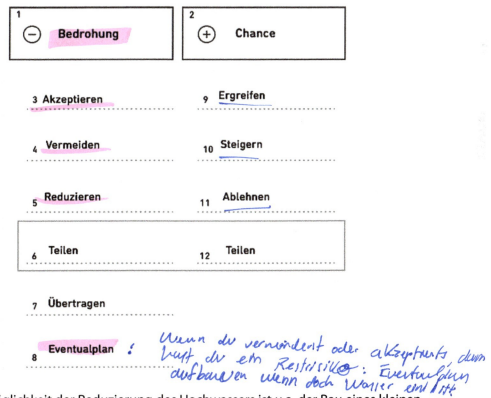

Eine Möglichkeit der Reduzierung des Hochwassers ist u.a. der Bau eines kleinen Sandsackdamms, der das Wasser in einem kleinen, aber vielleicht entscheidenden Maße zurückhalten kann.

- **Teilen**[5]: Die Risikobehandlungsmaßnahme „Teilen" schließt nicht nur den Bedrohungsbereich ein, sondern gilt im Zusammenhang auch für die Chance. Vor allem im Bereich der StartUp-Finanzierung ist „Teilen" eine beliebte Art und Weise des

Risikomanagements. StartUps suchen sich Investoren, die eine Summe X in das neu gegründete Unternehmen investieren und an dessen Erfolg partizipieren werden, also die Chance teilen; werden aber im selben Zusammenhang auch die Bedrohung, dass morgen das Unternehmen pleite sein kann, mit den Gründern teilen.

Bei der Olympiade ist das Teilen sicher durch den IOC, also dem Verband von Olympia und der Gastgeberstadt, im hiesigen Beispiel London ebenfalls gegeben. Wird während des Projekts festgestellt, dass das Risiko Themse dermaßen überteuert ist, wird dies auch das IOC betreffen, da es natürlich ebenfalls vom Erfolg der Olympiade partizipieren möchte.

- **Übertragen**[6]: Die bekannteste und von uns allen betriebene Risikobehandlungsmaßnahme ist die Übertragung. Wir übertragen täglich das Risiko, dass ein Autounfall passiert oder dass hohe Krankheitskosten entstehen. Natürlich übertragen wir hierbei nicht das Risikoereignis an sich, sondern vielmehr die dahinterstehende monetäre Belastung. Die Übertragung wird klassischerweise mit einer Versicherung vereinbart. Es gibt aber auch Modelle wie zum Beispiel Factoring oder Miete, wo das Risiko an den Factor oder Vermieter übertragen wird.

Bei der Olympiade wird die Versicherung für die Überflutung der Themse sicher eine attraktive Option darstellen. Fraglich bleiben in dem Zusammenhang nur die Höhe der Versicherungsprämie und die Problematik, ob eine Versicherung gegen Hochwasser im Hochwassergebiet überhaupt möglich ist.

- **Eventualplan**[7]: Der Eventualplan stellt die Plan B-Option innerhalb des Risikomanagements dar; ein Plan, der bereits vor Projektbeginn genauer definiert und beschrieben wurde und nur bei Eintritt des Risikos ausgeführt wird.

Sollten die Projektmanager der Olympiade die Themse bereits vor Überflutung in ihrem Risikoregister eingepflegt haben, konnte bestimmt schon über einen Eventualplan gesprochen werden. Zum Beispiel hätte man bereits im Vorhinein große Pumpen kaufen können, die bei Überflutung lediglich eingeschaltet hätten werden müssen.

Für die Chance[8] werden folgende vier Kategorien vorgeschlagen:

Für das folgende Beispiel ist die Themse nicht mehr zu wählen. Grund hierfür ist die Tatsache, dass in einer Überflutung keine Chance zu erkennen ist. Eine Chance könnte jedoch ein erhöhtes Sonnenaufkommen sein, mit dem in England so gut wie niemand gerechnet hat. Durch das erhöhte Sonnenaufkommen sind die neu erbauten Stadien und Häuser schneller getrocknet und die Bauarbeiten können schneller fortgesetzt werden, was am Ende eine Zeit von gut 14 Tagen bedeuten würde.

- **Ergreifen**[9]: Die erste und logischste Art und Weise der Behandlung dieser Chance wäre deren Ergreifung. Hierbei nimmt man die gegebene Chance schlichtweg wahr.

  Man würde erkennen, dass die Bauten schneller trocknen, und daraufhin die Bauarbeiten umplanen, um schneller weitermachen zu können.

- **Steigern**[10]: Hierbei nimmt man die gegebene Chance und versucht sie im Rahmen des gegebenen Risikobudgets sogar weiter auszubauen.

  Beim Beispiel des guten Wetters könnte der Projektmanager auf die Idee kommen, Solaranlagen auf die Dächer verbauen zu lassen, um das gute Wetter für das Projekt noch gewinnbringender einzusetzen.

- **Ablehnen**[11]: Natürlich besteht auch die Option, die gegebene Chance einfach gar nicht wahrzunehmen. Wenn alles in Plan ist und die Chance vielleicht einen Aufwand darstellt, der nicht im Verhältnis zum Nutzen steht, ist es durchaus möglich, auch die Chance abzulehnen.

  In unserem Beispiel hieße das, dass das Wetter zwar mitspielt, die Bauarbeiter aber trotzdem erst in den vereinbarten 14 Tagen weitermachen.

- **Teilen**[12]: siehe Teilen bei „Bedrohung" Seite 137, Punkt 2.

3.8 Übungsfragen zu Kapitel 3 – Projektinitiierung

Hinweis: Es kann nur eine Antwort richtig sein. Die Auflösung findest Du in Kapitel 8.

[25] **Welcher ist der erste Schritt in dem empfohlenen Risikomanagementverfahren?**
- ☐ A Bewerten
- ☐ B Identifizieren
- ☐ C Implementieren
- ☐ D Planen

[26] **Was muss als Mindestanforderung für die Anwendung des Themas „Pläne" erstellt werden?**
- ☐ A Hierarchische Übersicht aller Produkte, die im Rahmen eines Plans zu erstellen sind
- ☐ B Eine Aufzeichnung über Issues, die formell im Rahmen eines Plans gehandhabt werden
- ☐ C Ein Diagramm, das die Reihenfolge der Produktionsschritte geplanter Produkte zeigt
- ☐ D Eine Aufzeichnung der größten Risiken für den Projektplan

[27] **Was ist ein Zweck einer Projektbeschreibung?**
- ☐ A Die Erfassung der Erfahrungen aus vorherigen Projekten
- ☐ B Die Dokumentation einer allgemein akzeptierten Ausgangsbasis für das Projekt
- ☐ C Die Bestätigung, dass das Projekt den Business Case erfüllen kann
- ☐ D Die Definition von Qualitätstechniken, die im Projekt angewendet werden

[28] Welche Mindestanforderung muss für die Anwendung des Themas „Risiko" erfüllt werden?
- ☐ A Erstellung eines Risikostrukturplans
- ☐ B Festlegung eines Risikobudgets zum Managen von Risiken
- ☐ C Dokumentation identifizierter Bedrohungen und Chancen
- ☐ D Führen von Risikochecklisten zur Identifizierung von Risiken

[29] Welche Aussagen treffen auf einen Phasenplan zu?
1. Er wird für ein Projekt im Prozess „Initiieren eines Projekts" erstellt.
2. Er wird zeitnah vor den geplanten Ereignissen erstellt.
3. Er ist die Basis für die tägliche Steuerung durch den Projektmanager.
4. Er ist die Basis für die Steuerung durch den Lenkungsausschuss.
- ☐ A 1 und 2
- ☐ B 2 und 3
- ☐ C 3 und 4
- ☐ D 1 und 4

[30] Was ist ein Zweck des Risikomanagmentansatzes?
- ☐ A Definition der bei der Bewertung der Projektrisiken zu verwendenden Techniken
- ☐ B Eine Übersicht über die Belastung durch strategische, programm- und projektbezogene sowie betriebliche Risiken zu liefern
- ☐ C Empfehlungen für die Behandlung einzelner Risiken des Projekts zu geben
- ☐ D Für jedes Projektsrisiko geeignete Risikoeigentümer zu identifizieren

[31] Ergänze den folgenden Satz: Der Zweck des Prozesses [?] ist, eine solide Grundlage für das Projekt zu schaffen.
- [ ] A „Initiieren eines Projekts"
- [ ] B „Managen der Produktlieferung"
- [ ] C „Lenken eines Projekts"
- [ ] D „Managen eines Phasenübergangs"

[32] Was wird im Prozess „Initiieren eines Projekts" festgestellt?
- [ ] A Die unterschiedlichen Methoden, mit denen das Projektprodukt geliefert werden kann
- [ ] B Die Formate, wie Projektinformationen den Stakeholdern mitgeteilt werden
- [ ] C Dass alle Informationen für die Erstellung der Projektbeschreibung vorhanden sind
- [ ] D Dass alle Einschränkungen, die das Projekt beeinträchtigen könnten, beseitigt worden sind.

[33] Welche Aussage beschreibt eine Bedrohung eines Projekts?
- [ ] A Ein Ereignis, dessen Eintreten ungewiss ist, aber dessen Eintreten negative Auswirkungen auf die Erreichung der Ziele haben könnte
- [ ] B Ein Ereignis, dessen Eintreten ungewiss ist, aber dessen Eintreten postive Auswirkungen auf die Erreichung der Ziele haben könnte
- [ ] C Ein Ereignis, das eingetreten ist und negative Auswirkungen auf die Erreichung der Ziele gehabt hat
- [ ] D Ein Ereignis, das eingetreten ist und positive Auswirkungen auf die Erreichung der Ziele gehabt hat

[34] Was ist eine „Risikoursache"?
- [ ] A Eine negative Konsequenz, die sich bei Eintreten einer Bedrohung ergeben würde

- ☐ B Eine Unsicherheit, die ein Problem auslösen könnte
- ☐ C Eine positive Konsequenz, die sich aus der Nutzung einer Chance ergeben würde
- ☐ D Eine bestehende Situation, aus der Unsicherheiten hervorgehen

[35] **Welche Aussage zu Managementphasen ist richtig?**
- ☐ A Ein Projekt kann ohne Managementphasen geplant werden.
- ☐ B Eine Managementphase kann mehr als einen Lieferschritt umfassen.
- ☐ C Mehrere Managementphasen können parallel ablaufen.
- ☐ D Lieferschritte und Managementphasen sollten gleichzeitig enden.

[36] **Was ist ein Ziel des Prozesses „Managen eines Phasenübergangs"?**
- ☐ A Es dem Lenkungsausschuss ermöglichen, Ressourcen und finanzielle Mittel für die Initiierungsphase bereitzustellen.
- ☐ B Die Projektleitdokumentation prüfen und gegebenenfalls aktualisieren.
- ☐ C Als kontrollierte Trennung dienen zwischen denjenigen, die das Projekt managen, und denjenigen, die Produkte erstellen.
- ☐ D Sicherstellen, dass eine regelmäßige Prüfung zur Abnahme der in der abgeschlossenen Phase erstellten Produkte stattfindet.

[37] **Was ist eine der Aufgaben von „Definieren und Analysieren der Produkte"?**
- ☐ A Plan entwerfen
- ☐ B Produktflussdiagramm erstellen
- ☐ C Risiken analysieren
- ☐ D Zeitplan erstellen

[38] **Welche Aktivität findet im Prozess „Managen eines Phasenübergangs" statt?**

- ☐ A Projektstatusberichte erstellen
- ☐ B Korrekturmaßnahmen innerhalb der Phasentoleranz einleiten
- ☐ C Einen Ausnahmeplan erstellen
- ☐ D Den Phasenplan für die nächsten Phase genehmigen

[39] **Was ist der Gegenstand des Prozesses „Initiieren eines Projekts"?**

- ☐ A Die Informationen für den Lenkungsausschuss als Grundlage für die Entscheidung, ob das Projekt mit den Geschäftszielen im Einklang steht
- ☐ B Die Befugnis durch den Lenkungsausschuss zur Fortführung des Projekts, sofern es sich lohnt
- ☐ C Die Befugnis durch den Projektmanager, damit die Lieferteams ihre Arbeit beginnen können
- ☐ D Die Definition der Verantwortlichkeiten des Lieferanten bei der Lieferung eines Arbeitspakets

4 Projektablauf

4.1 Prozess Steuern einer Phase (CS) und Managen der Produktlieferung (MP)

Der Zweck des Prozesses „Steuern einer Phase (CS)" besteht darin, die anfallenden Arbeiten den richtigen Leuten zuzuweisen, zum richtigen Zeitpunkt das Reporting herzustellen und bei Bedarf Korrekturmaßnahmen einzuleiten, um die Phase innerhalb der vereinbarten Toleranzen zu halten.

- **Arbeiten im Rahmen der Phase mit dem Teammanager in Form von Arbeitspaketen beschreiben und freigeben**[1]: Der erste Schritt ist, innerhalb einer neuen Projektphase zusammen mit dem Teammanager Arbeitspakete zu entwerfen. Hierbei ist es sehr wichtig, dass Teammanager vorhanden sind, da ein Projektmanager von seinem Skillset in der Regel nicht genügend Wissen vorweisen kann, um die Arbeitspakete adäquat zu beschreiben. Im nächsten Schritt wird dann das Arbeitspaket direkt an den Teammanager bzw. sein Team zur Erarbeitung weiterdelegiert.

Hier kommt darauffolgend direkt das Prozess-Managen der Produktlieferung (MP) zur Anwendung:

Beim Prozess-Managen der Produktlieferung (MP) wird der Teammanager in die Lage versetzt, den Arbeitsumfang seiner Teammitglieder zu koordinieren und den vereinbarten Reporting-Maßnahmen nachzukommen. Teammanager können sowohl organisationsinterne als auch externe Mitarbeiter sein.

4 Projektablauf

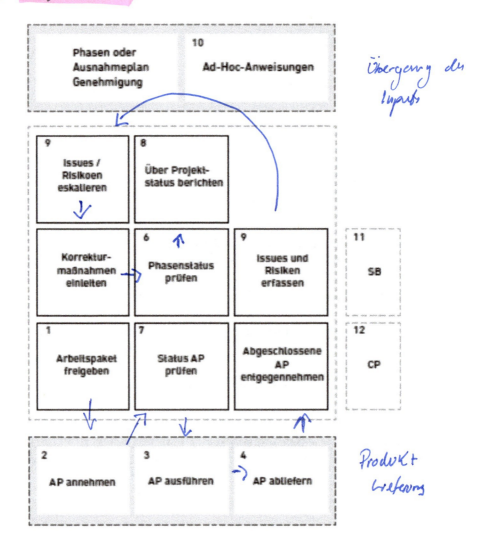

4.1 Prozess Steuern einer Phase und Managen der Produktlieferung

- **Arbeiten, die im Rahmen der Arbeitspakete erstellt wurden, an die richtigen Teammitglieder weiterleiten und Teamplan erstellen**[2)]: Der erste Schritt innerhalb des Prozesses MP ist, die Arbeitspakete anzunehmen und an die richtigen Teammitglieder weiterzugeben. Ferner erstellt in diesem Prozessschritt der Teammanager den optionalen Teamplan, der eine Art Miniprojektplan für sein Team bzw. Teilprojekt darstellt.

- **Dem Projektmanager zum vereinbarten Zeitpunkt ausreichend Information im Rahmen des Teamstatusberichts mitteilen und Arbeitspakete zu entwickeln**[3)]: Natürlich gehört es auch zu den Aufgaben des Teams, die Arbeitspakete auszuführen und während der Entwicklung der Produkte den Projektmanager über den aktuellen Stand der Arbeitspakete zu informieren. Dies geschieht über das Reporting des Teammanagers, der in Form des Teamstatusberichts in einem vordefinierten Zeitturnus reportet.

- **Erstellte Produkte zu übergeben und das Ergebnis im Qualitätsregister eintragen**[4)]: Wenn Produkte erstellt worden sind, gehört es natürlich auch zur Aufgabe der Teammanager, die fertigen Produkte einer Qualitätsprüfung unterziehen zu lassen (mehr hierzu in Abschnitt 4.2 Qualität), das Ergebnis dann im Qualitätsregister eintragen zu lassen und das abgenommene Produkt zu übergeben.

Im nächsten Schritt ist wieder der Prozess „Steuern einer Phase" an der Reihe:

- **Abgeschlossene Arbeitspakete entgegennehmen**[5)]: Wie im vorherigen Prozessschritt beschrieben wurde, wird hier das vom Teammanager erstellte Produkt an den Projektmanager übergeben und der Teammanager entlastet.

- **Einen Soll-Ist-Abgleich innerhalb der Phase durchführen**[6)]: Hierbei geht es darum, den Phasenplan zur Hand zunehmen und den Phasenstatus im Rahmen dessen zu überprüfen. Hierbei kann es entweder zu der Erkenntnis kommen, dass die Phase sich dem Ende zuneigt, womit die nächste Phasenplanung eingeleitet werden sollte → Weiterführung im Prozess SB, oder das Ende des Projekts bevorsteht, woraufhin der Prozess „Abschließen eines Projekts (CP)" zum Tragen käme. Auch könnte der Fall eintreten, dass der Projektmanager merkt, dass er Korrekturmaßnahmen innerhalb seiner Toleranzbefugnis einleiten sollte. Hierdurch führt es dem PM zum links danebenstehenden Prozessschritt „Korrekturmaßnahmen einleiten". Die Korrekturmaßnahmen werden geplant und letztlich in Arbeitspakete an den Teammanager weitergegeben. Daraufhin beginnt der eben beschriebene Zyklus von vorne.

- **Übergebene Arbeitspakete im Rahmen der Reporting-Standards überwachen**[7]: Der nächste Prozessschritt findet immer dann statt, wenn dem Projektmanager aus dem beschriebenen Arbeitszyklus ein Teamstatusbericht des Teammanagers ausgehändigt wird. Er hilft dem Projektmanager, einen Überblick über den Bearbeitungsstand der verschiedenen Arbeitspakete zu erlangen.

- **Den Projektstatus an den Lenkungsausschuss reporten**[8]: Im nächsten Prozessschritt muss der Projektmanager über den aktuellen Stand der Phase berichten. Das macht er mit dem bereits bekannten Projektstatusbericht. Dieser wird vom Projektmanager erstellt, mit allen notwendigen Informationen über die aktuelle Phase vervollständigt und dem Lenkungsausschuss reportet. Dieser prüft den Projektstatusbericht dann in seinem Prozess „Lenken eines Projekts" (DP). Falls alles passt, passiert nichts, außer dass der Projektmanager und sein Team weiter am Erfolg der Phase arbeiten. Sollte dem Lenkungsausschuss etwas in dem Projektstatusbericht auffallen, was ihm nicht gutdünkt, wird er über die Ad-hoc-Anweisungen seinen Willen verlauten, woraufhin der Projektmanager wieder zum Prozessschritt „Korrekturmaßnahmen einleiten" gelangt, um dem Willen des Lenkungsausschusses zu entsprechen.

- **Risiken und Issues erfassen, managen und ggf. eskalieren**[9]: Ein wichtiger Bestandteil, neben dem Abarbeiten des Projekt- bzw. Phasenplans, ist das richtige Management der Issues und Risiken. Von Natur aus kann hier keine großartige

4.1 Prozess Steuern einer Phase und Managen der Produktlieferung

Planung berücksichtigt werden, da diese in der Regel sehr ad-hoc auftreten und behandelt werden müssen.

Im ersten Schritt „Issues oder Risiken erfassen" werden die von wem auch immer gemeldeten Themen erfasst, bewertet und geplant. Die Erfassung wird im Issue-Register oder im Risikoregister ausgeführt. Auch die Bewertung und die geplanten Maßnahmen werden im Issue-Register oder im Risikoregister niedergeschrieben. Im nächsten Schritt wird die Auswirkung der erfassten Issue's oder Risiken auf die Phase kontrolliert. Dies geschieht wiederum im bereits beschriebenen Prozessschritt „Phasenstatus prüfen". Sollten die identifizierten Issue´s bzw. Risiken im Folgenden als schwerwiegend eingestuft werden, müssen diese im nächsten Prozessschritt „Issues / Risiken eskalieren" an den LA eskaliert werden. Issues werden mit einem Issue-Bericht an den LA eskaliert, ebenso Risiken mit einem Ausnahmebericht. Schwerwiegend bedeutet in diesem Zusammenhang, dass die Issues oder Risiken einen Toleranzbereich des Projektmanagers verletzen oder künftig verletzten werden.

Der LA hat dann nach Eskalation mehrere Optionen, weiter zu verfahren. Er könnte a) dem Projektmanager über eine Ad-hoc-Entscheidung mitteilen[10], dass er entweder einen Ausnahmeplan, also eine genaue Definition der Problematik benötigt, oder einfach mitteilen, dass er keine Bedenken hat und dem Projektmanager damit neue Toleranzen für die Phase übergibt. Sollte der Ausnahmeplan gefordert werden, werden die aktuelle Phase beendet und ein Übergang in das Prozess-Managen eines Phasenübergangs (SB) vorbereitet[11]. Im Prozess SB plant der PM dann die Phase neu und lässt sie seitens des LA wiederum korrigieren. b) Der LA hat die Möglichkeit, auf Grundlage der schwerwiegenden Toleranzüberschreitung das Projekt zu beenden. Mit dieser Entscheidung geht der Projektmanager zum Prozess „Abschließen eines Projekts (CP)" über und beendet das Projekt vorzeitig[12].

Abschließend kann man zur Prozesskombination CS/MP sagen, dass es sich hierbei um die maximale Darstellung des täglichen Projektgeschäfts handelt. Aus Effizienzgründen konnte nur eine Vielzahl an Kombinationen der verschiedenen Aktivitäten dieses umfangreichen Prozesses dargestellt werden. Im Projekt selbst können Hunderte von Prozessaktivitätsmöglichkeiten vorkommen. Einmal verstanden, fällt einem es jedoch sehr leicht, auffallende Themen innerhalb der von PRINCE2 vorgegebenen Prozessstruktur zu bearbeiten und zu einem erfolgreichen Ergebnis zu führen.

4.2 Thema Qualität

Im Thema „Qualität" geht es darum, anfänglich meist sehr subjektive Kundenqualitätserwartungen in messbare Projektabnahmekriterien umzuwandeln und hierdurch das Projektendprodukt – analog der Anforderungen – zu erstellen. Durch die Bearbeitung dieses Themas geht die Terminologie dem Grundprinzip der Produktorientierung nach.

Entgegen dem umgangssprachlichen Gebrauch ist das Wort Qualität bei PRINCE2 als Eigenschaft zu sehen. Dabei steht die Beurteilung, ob gut oder schlecht, nicht in der Kompetenz des Projektmanagers. Vielmehr sollte der Kunde seine Vorstellung von den Eigenschaften mitteilen und deren Umsetzung in die Verantwortung des Projektmanagers geben.

4.2.1 Qualitätskontrollpfad

Der Qualitätskontrollpfad stellt innerhalb des Themas „Qualität" das beste von PRINCE2 vorgegebene Schaubild dar, das vom Beginn bis zum Ende des Projekts das Thema „Qualität" als sich mitentwickelndes Thema beschreibt.

4.2 Thema Qualität

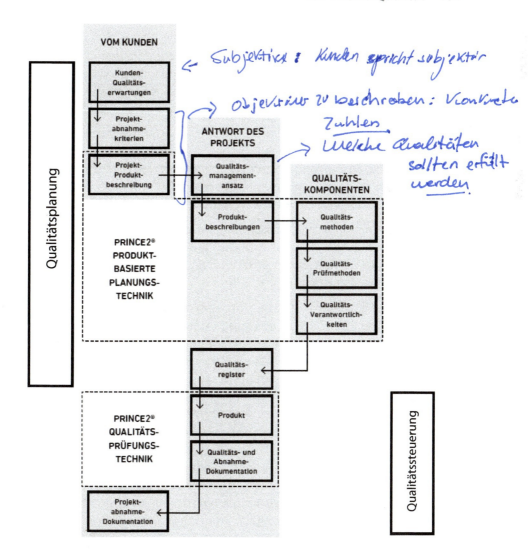

Qualitätskontrollpfad

Der Qualitätskontrollpfad spiegelt eine Art Lebenszyklus wider, welcher hilft, den Überblick über die Anforderung zu erlangen. Einen Lebenszyklus deshalb, weil von der ersten Kundenanforderung bis zur Erstellung des Endprodukts, jeder Zwischenschritt aufgezeigt wird.

Im Folgenden werden die einzelnen Schritte des Qualitätskontrollpfades genauer erläutert. Hierbei wird zum einen auf die Begrifflichkeit an sich als auch auf den Zeitpunkt im Projekt, an dem dieser Schritt durchgeführt werden sollte, eingegangen. Auf der linken bzw. rechten Seite sind die Überbergriffe, innerhalb deren man sich bem jeweiligen Schritt befindet, niedergeschrieben.

Qualitätsplanung[1]: Im Qualitätskontrollpfad stellt die Qualitätsplanung eines der beiden Kernelemente dar. Innerhalb der Qualitätsplanung werden wiederum verschiedene Granularitätsebenen zur Ermittlung des Verständnisses der vom Kunden gewünschten Qualität durchlaufen.

- **Kundenqualitätserwartungen**[2]: Im ersten Schritt des Qualitätskontrollpfades werden die ersten Wünsche des Kunden herangezogen und in den Kundenqualitätserwartungen der Projektbeschreibung des Projektendprodukts niedergeschrieben. Die Kundenqualitätserwartungen stellen die erste vom Kunden gewünschte Indikation dar. Wie es in der Praxis üblich ist, sind die ersten Gespräche meist sehr „weich", also nicht messbar formuliert. Dies geschieht in den meisten Fällen vor dem Projekt im Prozess „Vorbereiten eines Projekts (SU)".

  Als das IOC die Gespräche mit London zur Durchführung der Olympiade aufgenommen hatte, werden die Olympia-Rechteinhaber mit Sicherheit Vorstellungen wie „Die Olympiade soll umwerfend, großartig oder spektakulär ausfallen" geäußert haben. Was genau aber versteht man darunter? Wenn man einen Veganer und einen Fleischesser jeweils darum bittet, eine großartige Mahlzeit zu kochen, könnten die Ergebnisse vermutlich unterschiedlicher nicht sein. Was somit fehlt, ist die Messbarkeit, die Definition von „großartig". Dies wird im nächsten Schritt erreicht.

- **Projektabnahmekriterien**[3]: Hierbei geht es darum, die bereits bekannten Kundenqualitätserwartungen so messbar wie nur irgend möglich zu formulieren. Je messbarer und klarer formuliert wird, desto weniger kann am Ende der Kunde sich über eventuelle Qualitätsmängel beschweren, vorausgesetzt, die Erwartungen sind wie von dem Kunden beschrieben umgesetzt worden.
„Großartig" wird dann übersetzt in: Eine Olympiade, die bereits bei ihrer Eröffnungsfeier mit einem 6000-Raketen-Feuerwerk von 150 Meter Höhe aufwartet, überzeugt, dass sie gut wird (auch das kann man noch viel konkreter beschreiben, der Sinn dürfte jedoch klar sein).

- **PEP**[4]: Hat man nun die Kundenqualitätserwartungen und Projektabnahmekriterien genau definiert, schreibt man diese in der bereits bekannten und ebenfalls im Prozess „Vorbereiten eines Projekts (SU)" beschriebenen Produktbeschreibung des Projektendprodukts (PEP) inklusiver weiterer Inhalte nieder.

Hat man nun eine erste Ausprägung der Qualitätswünsche des Kunden, kann das Projekt im nächsten Schritt darangehen, sich eine „Antwort des Projekts" zu überlegen. Der erste Schritt wäre hierbei die Erstellung eines Qualitätsmanagementansatz.

- **Qualitätsmanagementansatz**[5]: Eine Strategie, welche die zu verwendeten Qualitätsstandards, Qualitätstechniken und Qualitätsverantwortlichkeiten festlegt, um das geforderte Qualitätsniveau zu erreichen. Auf Basis der Qualitätsstrategie werden im nächsten Schritt die Produktbeschreibungen für die erste Phase des Projekts geplant. Diese Planung wird vom Projektmanager durchgeführt.

- **Produktbeschreibungen**[6]: Produktbeschreibungen sind in ihrer strukturellen Ausprägung im Grunde genommen analog der Produktbeschreibung des Projektendprodukts. Sie beschreiben für sich ein Produkt. Einziger Unterschied ist hierbei die „Flughöhe" der Beschreibung. Die Produktbeschreibungen fallen hierbei deutlich detaillierter aus, als es die PEP macht. Alle Produktbeschreibungen zusammengenommen würden die PEP nur auf einer sehr granularen Ebene ergeben. Innerhalb der Produktbeschreibungen sind die für das Produkt benötigten **Qualitätskriterien**[7], also zum Beispiel die Lautstärke des Eröffnungsfeuerwerkes, sowie die dafür vorgesehenen **Qualitätstoleranzen**[8] enthalten. Die Qualitätstoleranz könnte hier 10-15 dB bedeuten. Ebenfalls sind die **Qualitätsprüfungsmethode**[9], also die Art und Weise, wie die Qualität am Ende geprüft wird, und die **Qualitätsverantwortlichkeiten**[10], also wer für die Qualitätsentwicklung und Überprüfung am Ende zuständig ist, enthalten. Die Qualitätsprüfungsmethode könnte zum Beispiel ein Testfeuerwerk 48 Stunden vor Beginn der Eröffnungsfeier sein. Die Qualitätsverantwortlichkeiten könnten Herr Firefighter Smith vom Firefighter Headquarter London und der Projektmanager sein.

Bis hier ging es um die Planung und Definition der vom Projekt zu entwickelnden Produkte. Im Folgenden wird nun die **Qualitätssteuerung** genauer beschrieben.

- **Qualitätssteuerung**[11]: Die Qualitätssteuerung bildet innerhalb des Qualitätskontrollpfades den zweiten großen Baustein ab. Hierbei handelt es sich um die praktische Umsetzung, die Kontrolle und die Abnahme der geforderten Produkte und deren Qualität.

Diese in der Qualitätsplanung ermittelte Fülle an Informationen werden im bereits bekannten und schon oft beschrieben **Qualitätsregister**[12] niedergeschrieben. Das Qualitätsregister wird ständig aktualisiert, da sich ständig auch alle Produkte des Projekts anpassen und verändern. Aus dem Qualitätsregister heraus wird dann das **Spezialistenprodukt**[13] auf Basis der im Qualitätsregister beschriebenen Produkteigenschaften entwickelt.

Sollte die Qualität ausreichend sein, wird auch hier wieder ein Vermerk im Qualitätsregister gemacht, wodurch die **Qualitäts- und Produktabnahmedokumentation**[14] als erfolgreich erklärt wird. Hierbei geht es tatsächlich um die Prüfung der vorvergangenen Eigenschaften auf Basis der in der Produktbeschreibung genannten Qualitätsanforderungen und Prüfungsmethoden.

Die Abfolge von „Produktbeschreibungen" bis hin zur „Qualitäts- und Produktabnahmedokumentation" wiederholt sich im Grunde genommen so oft, bis das letzte Produkt final abgenommen wurde und eine finale **Projektabnahmedokumentation**[15] mit der Übergabe des Projektendprodukts durchgeführt wurde.

4.2.2 Qualitätsprüfungstechnik

Nachdem wir uns in Abschnitt 4.2.1 mit der Fragestellung „Wie wird Qualität geplant und gesteuert?" beschäftigt haben, wenden wir uns hier der Frage zu, wie die Qualität abgenommen wird. Die Qualitätsprüfung ist nach einer langen Projektzeit bzw. Produktentwicklungszeit der Moment der Wahrheit, da hier das entwickelte Produkt erstmals den Stakeholdern vorgelegt wird. PRINCE2 gibt hier eine so genannte „Qualitätsprüfungstechnik" vor, auf deren Basis dann innerhalb der Projekte die Abnahme der entwickelten und erstellten Produkte vonstattengeht.

Die an der Prüfung teilnehmenden Personen bekommen Rollen mit klar definierten Verantwortlichkeiten zugeteilt. Das Ziel ist, festzustellen, ob das Spezialistenprodukt für den gewünschten Zweck geeignet ist, es die nötigen Standards einhält und den in der Produktbeschreibung niedergeschriebenen Anforderungen genügt.

Im oberen Teil des nachstehenden Schaubildes wird die Qualitätsprüfungstechnik als Prozess aufgeführt. Diese Prozessschritte werden zur Vorbereitung, Durchführung und Nachbereitung der dafür stattfindenden Qualitätsprüfungssitzung durchlaufen:

4 Projektablauf

- Prüfungsvorbereitung[1]
- Prüfungssitzung[2]
- Prüfungsnachbereitung[3]

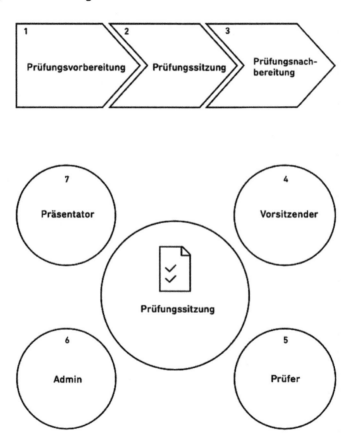

Die Prüfungsvorbereitung dient dem Verantwortlichen, alle notwendigen Vorbereitungen zu treffen, damit die eigentliche Qualitätsprüfungssitzung durchgeführt werden kann. Gemäß der PRINCE2-Terminologie werden hier Produktproben, Kopien, Bilder oder Präsentationen (je nachdem, um welche Art von Produkt es sich hierbei handelt) verschickt, damit sich der Prüferkreis auf die Sitzung vorbereiten kann.

Die Prüfungssitzung ist der tatsächliche Moment, wo alle Qualitätsverantwortlichkeiten zusammentreffen und über das erstellte Spezialistenprodukt sprechen. Ziel dieser Sitzung ist, das Produkt entgegen zu nehmen und damit die Ersteller zu entlasten. Sollten während der Prüfungssitzung noch Verbesserungsvorschläge aufkommen, die die Abnahme des Produkts behindern, wird die finale Abnahme verschoben. Die Entwickler haben daraufhin nochmal die Möglichkeit, Anpassungen durchzuführen. In diesem Fall tritt der im Schaubild gezeigte Pfeil in Kraft, der eine erneute Vorbereitung für die Zweitprüfung anzeigt.

Die Prüfungsnachbereitung findet nach erfolgreicher oder nicht erfolgreicher Prüfungssitzung statt. Beide Szenarien bringen Nachbearbeitungsbedarf mit sich. Das Ergebnis der Qualitätsprüfung muss dem dafür vorgesehenen Kreis kommuniziert werden, die Dokumente müssen gepflegt werden, ein Protokoll muss verschickt werden. Die Prüfungsnachbereitung bezieht sich hierbei vor allem auf die administrativen Themen.

Im unteren Teil des Schaubildes sind die dafür notwendigen Rollen aufgeführt.

- Vorsitzender[4]
- Prüfer[5]
- Admin[6]
- Präsentator[7]

Prüfungsvorsitzender

Die Rolle, die für den Ablauf der Qualitätsprüfung verantwortlich ist.

Prüfer

Der Prüfer übernimmt die tatsächliche Produktüberprüfung, reicht im Vorhinein Fragen ein, die bei der Prüfungsvorbereitung bei der Untersuchung des eingereichten Produkts entstanden, und bestätigt, dass die geforderte Qualität erreicht wurde.

Prüfungsadministrator

Er unterstützt den Prüfer in administrativen Belangen und protokolliert die Prüfung, die Ergebnisse und eventuelle Nachbesserungsmaßnamen.

Produktpräsentator

Der Präsentator stellt das Produkt für die Prüfung vor und vertritt bei Bedarf den Ersteller des Produkts. Ferner übernimmt der Präsentator die im Anschluss an die Prüfung anfallende Koordination der Arbeiten, falls Änderungen anstehen oder Fehler ausgebessert werden sollen.

4.3 Thema Änderungen

Zweck des Themas „Änderungen" ist die Identifikation, Bewertung und Steuerung potenzieller und genehmigter Änderungen; in PRINCE2 auch als „Issue" benannt. Innerhalb dessen unterscheidet man zwischen „Baseline"- „und nicht-Baseline"- Issues.

Baseline: Die Baseline bildet die festgeschriebene Ausgangskonfiguration eines Produkts. Ist etwas „gebaselined", bringt das zum Ausdruck, dass zur Änderung dieses Produkts der Änderungssteuerungsprozess angewendet werden muss.

Änderungssteuerungsprozess: Veränderungen sind während eines Projekts unvermeidlich. Daher benötigt jedes Projekt einen prozessualen Ansatz für die Identifikation, Bewertung und Steuerung von Issue.

4.2 Thema Änderungen 159

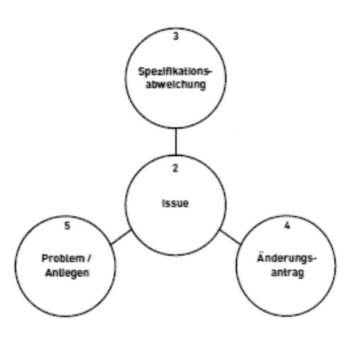

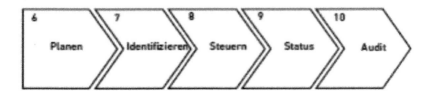

Das Ziel ist dabei nicht die Verhinderung von Issues, sondern vielmehr, dass jedes Issue der zuständigen Instanz vorgelegt wird, um diese in die Lage zu versetzen, über die Issues zu entscheiden.

Damit die Steuerung der Issue richtig vonstattengeht, bedarf es über der Änderungssteuerung eines schützenden Dachs, das im unten aufgeführten Schaubild metaphorisch dargestellt wird. In PRINCE2 ist dieses „Dach" als **Änderungssteuerungsansatz**[1] beschrieben. Änderungssteuerung klingt im ersten Moment komplizierter, als es tatsächlich ist. In einem anderen, besserbeschreibenden Wort könnte man auch „Änderungsstrategie" dazu sagen, um es verständlicher zu machen.

Der Änderungssteuerungsansatz

Der Änderungssteuerungsansatz bildet das schützende Dach, unter dem die Steuerung der Issues steht. Sie beschreibt, wie und von wem die Produkte eines Projekts gesteuert und geschützt werden. Wird ein Issue gemeldet, wird im ersten Schritt überprüft, ob dieser tatsächlich den in dem Änderungssteuerungsansatz beschriebenen Rahmenbedingungen entspricht. Nur durch ein professionelles Änderungsmanagement kann somit sichergestellt werden, dass Produkte nicht unkontrolliert verändert werden.

Innerhalb der von PRINCE2 beschriebenen „**Issue**"[2] unterscheidet man zwischen „**Spezifikationsabweichung**"[3], „**Änderungsantrag**"[4] und „**Problem/Anliegen**"[5].

Spezifikationsabweichung: Eine im Rahmen des Projekts zu erfüllende Produktanforderung, die derzeit nicht bzw. voraussichtlich nicht erfüllt wird. Hierbei kann es sich um ein fehlendes Produkt oder ein Produkt, das die Spezifikation nicht einhalten kann, handeln. Es ist zu beachten, dass es sich hierbei um ein Issue handelt, dem nachgekommen werden muss, da ansonsten der Projekterfolg gefährdet ist.

Änderungsantrag: Ein Vorschlag zur Änderung einer „gebaselineden Produkteigenschaft". Der Änderungsantrag kann von jedem Mitarbeiter der Projektorganisation gestellt werden. In PRINCE2 wird als Verantwortlichkeit, die für die Genehmigung oder Ablehnung der gestellten Änderungsanträge zuständig ist, der Lenkungsausschuss genannt. Zu beachten ist hierbei, dass bei einem erhöhten Aufkommen an Änderungsanträgen der Lenkungsausschuss auch eine weitere Instanz zur Entscheidung über die Änderungsanträge bestellen kann: die Änderungsinstanz. Der Projektmanager selber hat keine Befugnis, Änderungsanträge zu genehmigen oder abzulehnen.

Änderungsinstanz: Diese besitzt die Kompetenz, über Änderungen zu entscheiden. Die Änderungsinstanz ist nicht zwingend – wie der Name vermuten lässt – ein Komitee, sondern besteht vielmehr aus einzelnen Personen innerhalb des Projektteams, die in unterschiedlichen Bereichen unterschiedliche Arten von Änderungskompetenz seitens des Lenkungsausschusses delegiert bekommen haben. Es ist nicht die Aufgabe der Änderungsinstanz, die Auswirkungen der Änderungsanträge zu analysieren oder deren Umsetzung zu betreuen. Dies liegt jeweils im Kompetenzbereich der fachlichen Teammanager bzw. des Projektmanagers.

Problem/Anliegen: Hierbei handelt es sich um einen sonstigen Issue, dessen Lösung oder Eskalation Aufgabe des Projektmanagers ist. Hierzu zählen zum Beispiel Krankmeldungen oder Verbesserungsvorschläge. Ein Problem/Anliegen hat keine Auswirkung auf die Baseline der Produktanforderungen.

Issues, die formell behandelt werden müssen, werden in das Issue-Register eingetragen. Informelle Issues, die formlos behandelt werden, können im Projekttagebuch geführt werden. Eine detaillierte Beschreibung des Issue, die Auswirkungsanalyse und die Behandlungsempfehlung kann formell in einem Issue-Bericht dokumentiert werden, der als Entscheidungsgrundlage für den Änderungs- bzw. Lenkungsausschuss dient.

Wie bereits im 3. Absatz „Änderungssteuerungsansatz" dieses Kapitels beschrieben wurde, bildet der Änderungssteuerungsansatz das „schützende Dach", damit jedem

Projektteilnehmer bewusst wird, wie innerhalb eines Projekts das Thema „Änderungen" gelebt wird.

Damit ein Produkt jedoch unter den Änderungssteuerungsansatz fällt, muss das Produkt bzw. das Teilprodukt „gebaselined werden". Um genauer zu sein wird die Konfiguration des Produkts bzw. des Teilprodukts „gebaselined". Dies geschieht, indem man Bestandteile des Produkts, welche von der Konfiguration nur kontrolliert geändert werden dürfen, als so genannte „Konfigurationselemente" identifiziert.

Konfigurationselement: Ein Teil einer Konfiguration, die die physischen und funktionellen Merkmale eines Produkts beinhaltet.

Damit die Konfigurationselemente auch richtig gemanagt werden, ist seitens der PRINCE2-Terminologie der im Schaubild auf Seite 159 befindliche Prozess dargestellt.

- **Planen**[6]: Der erste Schritt innerhalb des Prozesses ist die Planung der Granularität der Konfiguration. Bis auf welche Ebene wird innerhalb eines Projekts das Produkt bzw. dessen Anforderungen konfiguriert bzw. „gebaselined"? Beim Bau des Olympischen Dorfes stellt sich somit die Frage, ob man die Konfiguration des Daches mit einplant oder ob die unterste Planungsebene jeder Nagel für das Dach ist. Je nachdem, für welche Ebene sich der Projektmanager entscheidet, wird die Planung gröber oder feiner ausfallen. Die Entscheidung, auf welcher Ebene „gebaselined" wird, wird in der Änderungssteuerungsansatz festgehalten.

- **Identifizieren**[7]: Im nächsten Schritt werden dann die einzelnen Konfigurationselemente identifiziert. Hat man sich für die unterste Ebene, die der Nägel, festgelegt, wird im Folgenden jeder einzelne Nagel genauestens erfasst.

- **Steuern**[8]: Sind alle Konfigurationselemente erfasst, liegt es nun am Lenkungsausschuss bzw. der bestehenden Änderungsinstanz, diese so zu steuern, dass keine unbefugten Änderungen an den Konfigurationselementen vorgenommen werden können. Dies macht die Änderungsinstanz durch die Überprüfung und Entscheidung von Änderungsanträgen.

- **Status**[9]: Der Status ist eine Möglichkeit, sich über den aktuellen Stand der Konfigurationselemente zu erkundigen. Dieser Stand kann über die „Produktstatusauskunft" abgefragt werden. Die „Produktstatusauskunft", stellt innerhalb von PRINCE2 ein Managementprodukt dar, durch das interessierte Stakeholder einen Zwischenstand der Erarbeitung abrufen können.

- **Audit/Überprüfung**[10]: Der letzte Schritt innerhalb des Prozesses des Ämderungssteuerung ist eine Auditierung bzw. Überprüfung der vier vorhergegangenen Schritte.

4.4 Übungsfragen zu Kapitel 4 – Projektablauf

Hinweis: Es kann nur eine Antwort richtig sein. Die Auflösung findest Du in Kapitel 8.

[40] Ergänze folgenden Satz: Ein Zweck des Themas [?] ist die Steuerung unakzeptabler Abweichungen von den Zielen eines Projekts.

- ☐ A Änderungen
- ☐ B Pläne
- ☐ C Fortschritt
- ☐ D Risiko

[41] Was ist ein Ziel des Prozesses „Managen der Produktlieferung"?

- ☐ A Fertige Arbeitspakete abzunehmen
- ☐ B Sicherzustellen, dass der Business Case überprüft wird
- ☐ C Fortschritte dem Lenkungsauschuss zu berichten
- ☐ D Sicherzustellen, dass Arbeit an Produkten genehmigt ist.

4 Projektablauf

[42] In welchem Prozess werden Teampläne erstellt?
- ☐ A Initiieren eines Projekts
- ☐ B Steuern einer Phase
- ☐ C Managen eines Phasenübergangs
- ☐ D Managen der Produktlieferung

[43] Bei welchem Produkt handelt es sich um ein zeitgesteuertes Steuerungsmittel?
- ☐ A Phasenabschlussbericht
- ☐ B Ausnahmebericht
- ☐ C Teamstatusbericht
- ☐ D Erfahrungsbericht

[44] Wann sollte der Lenkungsausschuss eine Entscheidung des Unternehmens- oder Programmmanagements bzw. des Kunden anfordern?
- ☐ A Wenn die Phase Ressourcen benötigt.
- ☐ B Wenn eine Überschreibung der Toleranzen auf Projektebene absehbar ist.
- ☐ C Wenn der Lieferantenvertreter oder der Benutzervertreter ausgetauscht werden muss.
- ☐ D Verschiedene interessierte Parteien in die Beurteilung einbeziehen, ob ein Produkt für einen bestimmten Zweck geeignet ist.

[45] Welcher Prozess wird durch den Antrag des Projektmanagers auf Projektinitiierung ausgelöst?
- ☐ A Vorbereiten eines Projekts
- ☐ B Initiieren eines Projekts
- ☐ C Lenken eines Projekts
- ☐ D Managen eines Phasenübergangs

4.4 Übungsfragen zu Kapitel 4 - Projektablauf

[46] Welches Grundprinzip findet bei der Erstellung der Projektproduktbeschreibung Anwendung?

- ☐ A Fortlaufende geschäftliche Rechtfertigung
- ☐ B Produktorientierung
- ☐ C Lernen aus Erfahrung
- ☐ D Steuern über Managementphasen

[47] Was ist ein Zweck des Nutzenmanagement-Ansatzes?

- ☐ A Dokumentation der Rechtfertigung für das Projekt
- ☐ B Aktuelle Zusammenfassung der Projektleistung, die es dem Lenkungsausschuss ermöglicht, über den nächsten Schritt zu entscheiden
- ☐ C Aufzuzeigen, wie und wann die Erzielung von Nutzen gemessen wird
- ☐ D Beschreibung der Gründe für das Projekt, die in den Business Case eingetragen werden

[48] Welches Managementprodukt sollte immer aktualisiert werden, wenn ein Produkt seine Qualitätsprüfung nicht besteht?

- ☐ A Risikoregister
- ☐ B Issue-Register
- ☐ C Qualitätsregister
- ☐ D Erfahrungsliste

[49] Welche Art von Issue sollte aufgebraucht werden, wenn ein neues Produkt benötigt wird, nachdem das Team mit der Arbeit begonnen hat?

- ☐ A ein Änderungsantrag
- ☐ B eine Spezifikationsabwicklung

- ☐ C   ein Problem
- ☐ D   ein Bedenken

[50] Welchen Prozess nutzt ein Teammanager für die Koordination eines Arbeitsbereichs, der mindestens ein Projektprodukt liefern wird?

- ☐ A   Initiieren eines Projekts
- ☐ B   Steuern einer Phase
- ☐ C   Managen eines Phasenübergangs
- ☐ D   **Managen der Produktlieferung**

[51] Welche Mindestanforderung muss der Lenkungsausschuss für die Anwendung des Themas „Änderungen" erfüllen?

- ☐ A   Einrichten eines Änderungsbudgets
- ☐ B   Eine Produktstatusauskunft anfordern
- ☐ C   **Eine Änderungsinstanz definieren**
- ☐ D   Akzeptable Korrekturmaßnahmen vereinbaren

[52] Was ist eine Mindestanforderung für die Anwendung des Themas „Fortschritt"?

- ☐ A   **Phasenfreigabe**
- ☐ B   Projektstatusbericht
- ☐ C   Arbeitspaketfreigabe
- ☐ D   Teamstatusbericht

[53] Was ist eine Mindestanforderung für die Anwendung des Themas „Qualität" im Qualitätsmanagement-Ansatz?

- ☐ A   Die im Rahmen der Qualität zu verwendenden Werkzeuge und Techniken

- [ ] B Der Projektlösungsansatz hinsichtlich der Qualitätsplanung
- [ ] C Der Ansatz zum Managen der Projektsicherung
- [ ] D Die Definition der erforderlichen Qualitätsaufzeichnungen

[54] Was ist ein Zweck des Prozesses „Lenken eines Projekts"?

- [ ] A Bereitstellung von Informationen, die für das Initiieren eines Projekts erforderlich sind
- [x] B Übertragung der Gesamtsteuerung über ein Projekt auf den Lenkungsausschuss
- [ ] C Ermittlung des erforderlichen Kontrollniveaus nach der Initiierungsphase
- [ ] D Bereitstellung von ausreichend Informationen für die Genehmigung des nächsten Phasenplans

[55] Ergänze den folgenden Satz: PRINCE2 erfordert, dass die geschäftliche Rechfertigung bei Phasenübergängen formell durch [?] verfiziert wird.

- [ ] A das Unternehmens- bzw. Programmmanagement oder den Kunden
- [x] B den Lenkungsausschuss
- [ ] C die Projektunterstützung
- [ ] D die Änderungsinstanz

[56] Was ist ein Zweck des Themas „Änderungen"?

- [ ] A Verhinderung von Änderungen an der vereinbarten Projektleitdokumentation
- [ ] B Sicherstellung, dass potenzielle Änderungen an Baseline-Produkten gesteuert werden
- [ ] C Bewertung und Steuerung der Bedrohungen und Chancen eines Projekts

- [ ] D   Identifikation von Änderungen am Projekt, die aufgrund von Erfahrungswerten notwendig sind

[57]   **Ergänze folgenden Satz: Die Qualitäts…[?] definiert die Arten der Qualitätsprüfmethoden, die im Projekt eingesetzt werden.**

- [ ] A   …sicherung
- [ ] B   …steuerung
- [ ] C   …planung
- [ ] D   …toleranz

[58]   **Was ist ein Zweck des Themas „Qualität"?**

- [ ] A   Definieren, wie bei dem Projekt sichergestellt wird, dass die Produkte für den beabsichtigten Zweck geeignet sind
- [ ] B   Definieren von Verfahren für die Steuerung und Änderung eines Projektprodukts
- [ ] C   Einrichtung von Mechanismen zur Beurteilung, ob das Projekt wünschenswert, realisierbar und erreichbar bleibt
- [ ] D   Die Bewertung ermöglichen, ob das Projekt weiterhin realisierbar bleibt

5 Projektabschluss

5.1 Prozess Abschließen eines Projekts (CP)

Zweck des Prozesses „Abschließen eines Projekts – Closing a Project (CP)" ist die Definition des Punktes, an dem die Abnahme des Projektendprodukts bestätigt wird, die in der ursprünglichen Projektleitdokumentation definierten Ziele oder auch genehmigte Änderungen dieser Ziele erreicht worden sind oder mit dem Projekt keine weiteren Ergebnisse erzielt werden können. In diesem Zusammenhang wird klar, dass es für den Prozess „Abschließen eines Projekts (CP)" zwei Inputs geben kann:

Zum einen den **Planmäßigen Abschluss**[1], der bei einem planmäßigen Projektabschluss zum Tragen kommt.

Zum anderen den **Vorzeitigen Abschluss**[2], der bei einem vorzeitigen Projektabbruch zum Zuge kommt.

Beide Arten beginnen mit der Aktivität, den Projektabschluss vorzubereiten. Je nachdem welcher Projektabschluss angestrebt wird, unterscheidet man hier zwischen:

- **Planmäßigen Abschluss vorbereiten**[3]: Der Planmäßige Abschluss eines Projekts steht naturgemäß schon eine lange Zeit fest. Fraglich ist aber immer, ob der genaue Abschlusstermin eingehalten werden kann. Mit diesem Prozessschritt ist mit dem Wort „planmäßig" vor allem aber auch die Finalisierung gemeint, also das gewünschte Produkt fertig dem Auftraggeber zu übergeben. Genau diese Übergabe gilt es in diesem ersten Prozessschritt innerhalb des Prozesses „Abschließen eines Projekts (CP)" vorzubereiten. Der Lenkungsausschuss und die Linienorganisation müssen über den Projektabschluss informiert werden, es müssen Meetings und Räume dafür organisiert werden etc. Im Grunde gleicht dieser Prozessschritt einer organisatorischen Vorplanung der eigentlichen Produktübergabe.

- **Vorzeitigen Abschluss vorbereiten**[4]: Der Vorzeitige Abschluss bringt durch sein oft ungeplantes Auftreten einen deutlich höheren administrativen Aufwand mit sich. Die Aktivitäten sind hier gleich dem Prozess **„Planmäßigen Abschluss vorbereiten"**, wenngleich sie auch deutlich umfangreicher ausfallen, da ein ungeplanter Projektabschluss einen deutlich höheren Abstimmungsaufwand mit sich bringt.

In den folgenden Prozessschritten ist es vollkommen unerheblich, ob wir den Prozess „Abschließen eines Projekts (CP)" durch einen Planmäßigen oder einen Vorzeitigen Abschluss durchlaufen. Die einzelnen Schritte müssen absolviert werden, wenn auch mit vollkommen unterschiedlicher Intensität.

- **Produkte übergeben**[5]: Dieser Prozessschritt beschreibt die tatsächliche Entgegenahme des Projektendprodukts durch die Auftraggeber und Benutzer. Hierfür sieht die PRINCE2-Terminologie ein Übergabemeeting vor, das seitens der Projektunterstützung (PMO) organisiert werden sollte, damit einer Produkt-übergabe nichts mehr im Wege steht. Ferner wird in diesem Prozessschritt auch der bereits beschriebene **Nutzenmanagementansatz** dem Auftraggeber und dem Benutzer übergeben. Da sich das Projekt in naher Zukunft auflösen wird, muss nun das Unternehmen die Revision und Berichterstattung des Nutzens innerhalb des **Nutzenmanagementansatz** übernehmen.

- **Projekt bewerten**[6]: Der vorletzte Prozessschritt beschreibt ein Meeting zum gemeinsamen Erfahrungsaustausch der gesamten Projektorganisation im Kontext des Projekts. Mit dieser Tätigkeit kommen wir dem in PRINCE2 beschriebenen Grundprinzip „Lernen aus Erfahrung" nach. In der Praxis ist dieser Prozessschritt auch bekannt als „Lessons Learned", ebenfalls ein Erfahrungsaustausch innerhalb des Projektteams. Hierbei wird noch ein weiteres Managementprodukt, „der Erfahrungsbericht", als Protokoll der Projektbewertung erstellt und dem Unternehmen übergeben.

5.1 Prozess Abschließen eines Projekts (CP)

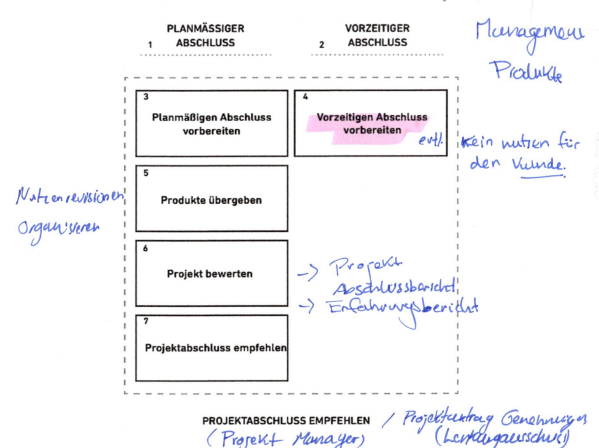

PROJEKTABSCHLUSS EMPFEHLEN

- **Projektabschluss empfehlen**[7]: Im letzten Prozessschritt erstellt der Projektmanager den letzten Bericht und somit auch das letzte Managementprodukt innerhalb des Projekts. **Der Projektabschlussbericht** beinhaltet eine gute Aufarbeitung des Projekts mit Erfolgen und Misserfolgen, budgetären und zeitlichen Abschlussberichten. Auf Grundlage des Projektabschlussberichts empfiehlt der Projektmanager dem Lenkungsausschuss, das Projekt zu beenden, woraufhin der Projektmanager entlastet wird und der Lenkungsausschuss das Projekt beendet.

5.2 Übungsfragen zu Kapitel 5 – Projektabschluss

Hinweis: Es kann nur eine Antwort richtig sein. Die Auflösung findest Du in Kapitel 8.

[59] Was ist ein Zweck des Prozesses „Abschließen eines Projekts"?

- ☐ A Den Lenkungsausschuss zu informieren, dass die letzte Phase in Angriff genommen wird
- ☐ B Einen Punkt zu definieren, an dem die Abnahme des Projektprodukts bestätigt wird
- ☐ C Dem Lenkungsausschuss genügend Infomationen bereitzustellen, damit dieser sich von der fortlaufenden geschäftlichen Rechtfertigung überzeugen kann
- ☐ D Das Verfahren für die Übergabe der Projektprodukte zu definieren

[60] Welches ist ein Ziel des Prozesses „Abschließen eines Projekts"?

- ☐ A Prüfen, ob alle Produkte des Projekts von den Benutzern abgenommen worden sind
- ☐ B Vorbereiten der letzten Projektphase
- ☐ C Erfassen der Qualitätserwartungen des Kunden
- ☐ D Gewährleisten, dass der Nutzen in vollem Umfang erzielt worden ist
- ☐ E Bestätigen, dass der mit dem Projekt angestrebte Nutzen in vollem Umfang erzielt wurde.

6 Prüfung und Zertifizierung

6.1 Wie kann man zertifiziert werden?

Die Regularien, um die Zertifizierung von PRINCE2 zu erlangen, sind im Vergleich zu vielen anderen Zertifizierungen sehr eindeutig und klar geregelt. Seit 2017 haben die Rechteinhaber von PRINCE2, AXELOS, entschieden, die Zertifizierung ausschließlich über das Prüfungsinstitut PEOPLECERT zu vergeben.

PEOPLECERT ist ein weltweit führendes Zertifizierungsinstitut, das die Kompetenz besitzt, Trainingsinstituten wie der BigFour GmbH die Akkreditierung für PRINCE2-Trainings und -Prüfungen zu vergeben.

Diese Akkreditierung testiert die Qualität unserer Trainings, Online-Kurse, Materialien und Bücher auf höchstem Niveau.

Die Prüfung kann somit direkt über unseren Homepagelink www.bigfour.de/Prince2/Pruefungen erworben werden. Hier hat man die Auswahl einer papierbasierten Prüfung vor Ort bei einem unserer Präsenztrainings oder einer zeitlich und örtlich unabhängigen Online-Prüfung.

6.2 Welche Prüfungen gibt es?

Innerhalb von PRINCE2 gibt es verschiedene Zertifizierungslevel.

- [1] Foundation Klassisch
- [2] Practitioner Klassisch
- [3] Agile Foundation
- [4] Agile Practitioner
- [5] Professional

[1] **Foundation Klassisch:** Die PRINCE2 Foundation-Prüfung ist die Grundlagenprüfung, die auf Basis dieses Buches geschrieben und bestanden werden kann. Die Prüfung schließt mit dem Zertifikat „PRINCE2 Foundation" ab.

Dauer: 60 Minuten.

Fragen: 60 Fragen

Anforderung: Damit die Prüfung als „bestanden" gilt, müssen mindestens 33 Fragen bzw. 55% richtig beantwortet werden.

Art: Die Prüfung wird als „Closed Book"-Prüfung abgehalten, was bedeutet, dass keine Hilfsmittel erlaubt sind.

Art der Fragen: Die Fragen sind im Single Choice-Format gestellt. Es ist immer nur eine Antwort richtig. Die Antwortkästchen müssen hierbei lediglich angekreuzt werden.

→ **Du hast hier die Möglichkeit, eine PRINCE2-Onlineprüfung bei uns offiziell zu erwerben:**
www.agile-heroes.de/pruefungen

[2] **Practitioner:** Die PRINCE2 Practitioner-Prüfung ist die Fortgeschrittenen-Prüfung. Wer diese Prüfung absolvieren möchte, muss bereits eine PRINCE2 Foundation-Zertifizierung vorweisen oder diese direkt vor dem Fortgeschrittenentraining zum PRINCE2-Practitioner erlangen. Die Prüfung kann ferner nur abgelegt werden, wenn man an einem PRINCE2 Practitioner-Training einer akkreditieren Trainingsorganisation teilgenommen hat. Die Prüfung schließt mit dem Zertifikat „PRINCE2 Practitioner" ab. PRINCE2-Practitioner oder KombiTrainings Foundation + Practitioner sind unter www.bigfour.de/prince2/ Trainings zu finden.

Dauer: 2,5 Stunden.

Fragen: 80 Fragen.

Anforderung: Damit die Prüfung als „Bestanden" gilt, müssen mindestens 44 Fragen bzw. 55% richtig beantwortet werden

Art: Die Prüfung wird als „Open Book"-Prüfung abgehalten, was bedeutet, dass das offizielle PRINCE2 Manual Book als Hilfsmittel verwendet werden darf und auch sollte. Die Prüfung basiert auf einem Beispielprojekt, welches mit der Prüfung zusammen ausgeben wird.

Art der Fragen: Die Fragen sind im Single Choice- und Multiple Choice-Format gestellt.

→ **Du hast hier die Möglichkeit, eine PRINCE2-Onlineprüfung bei uns offiziell zu erwerben:**

www.agile-heroes.de/pruefungen

[3] **Agile Foundation**: Als weiterer Zertifzierungsweg gibt es neben der klassichen PRINCE2 Foundation auch die Agile Foundation. Hierbei wird von Anfang an ein auf die Anforderungen der agilen Welt angepasstes PRINCE2 gelehrt.

Dauer: 1 h

Fragen: 50 Fragen

Anforderungen: 55% der Fragen müssen richtig beantwortet werden

→ **Du hast hier die Möglichkeit, eine PRINCE2-Onlineprüfung bei uns offiziell zu erwerben:**

www.agile-heroes.de/pruefungen

[4] **Agile Practitioner**: Der Agile Practitioner bietet sich wunderbar als Variante zur agilen Vertiefung und Anpassung von PRINCE2 an. Unser Meinung nach ist die Kombination von PRINCE2 Foundation in der klassischen Variante mit PRINCE2 Agile Practitioner vorteilhaft. Hierdurch lernt man das grundlegende PRINCE2-Verständnis in Kombination mit einer Anpassung nach PRINCE2 Agile und man kann somit beide Welten perfekt kombinieren.

Dauer: 2,5 h

Fragen: 50 Fragen

Anforderungen: 60% der Fragen müssen richtig beantwortet werden

→ **Du hast hier die Möglichkeit, eine PRINCE2-Onlineprüfung bei uns offiziell zu erwerben:**

www.agile-heroes.de/pruefungen

[5] **Professional**: Der PRINCE2 Professional ist die höchste Zertifizierung, die es innerhalb von PRINCE2 gibt. Hierbei ist zu beachten, dass es sich hierbei um keine Prüfung, sondern um ein 2,5-tägiges Assessment handelt. Innerhalb der 2,5 Tage muss der Prüfling sein geballtes PRINCE2-Wissen vor einem Moderator und zwei Assessoren unter Beweis stelltern. Das Assessment schließt mit dem Zertifikat „PRINCE2 Professional" ab.

→ **Du hast hier die Möglichkeit, eine PRINCE2-Onlineprüfung bei uns offiziell zu erwerben:**
 www.agile-heroes.de/pruefungen

Video anschauen: Prüfung & Zertifizierung

Autor Fabian erklärt, welche Möglichkeiten es zur Prüfungs- & Zertifizierungsvorbereitung gibt.

www.agile-heroes.de/buch/prince2

Scan mich

7 Glossar

Abhängigkeiten (Plan)

Beziehungen zwischen Aktivitäten oder Produkten, die Inhalt eines Plans sind. Man unterscheidet externe und interne Abhängigkeiten. Letztere können vom Projektmanager kontrolliert werden, erstere nicht.

Ablehnen (Risikobehandlung)

Form der Behandlung einer Chance, bei der aus z.B. wirtschaftlichen Gründen die Chance nicht ergriffen und keine Maßnahme zur Risikobehandlung getroffen wird.

Abnahmeberechtigter (Produkt)

Die Instanz (z.B. Lenkungsausschuss), die über die Kompetenzen verfügt, ein Produkt als vollständig und für den entsprechenden Zweck geeignet abzunehmen.

Agile Methoden

Methoden für flexible Softwareentwicklung, die Iterationen mit kurzem Zeitrahmen präferieren, in denen die Produkte schrittweise erstellt werden. Prinzipiell ist PRINCE2 hiermit kompatibel.

Aktivität

Definierter Bestandteil von Plänen oder Prozessen, der einen konkreten Zeitrahmen aufweist, klare Ergebnisse bringt und gemanagt werden muss. Stellt sich als Funktion, Aufgabe oder (Teil-)Prozess dar.

Akzeptieren (Risikobehandlung)

Form der Behandlung einer Bedrohung, bei der die Verbindung aus Auswirkung und Eintrittswahrscheinlichkeit des Risikos als zu gering eingestuft wird, um entsprechende Reaktionsmaßnahmen zu rechtfertigen. Die Bedrohung wird jedoch weiterhin beobachtet.

Änderungsantrag

Ein Issue, der den Vorschlag zur Änderung einer Baseline enthält.

Änderungsbudget

Die Mittel, die der Änderungsinstanz zur Ausübung seiner Verpflichtungen zur Verfügung gestellt werden.

Änderungsinstanz

Eine Instanz, die vom Lenkungsausschuss die Verantwortung delegiert bekommen kann, Änderungsanträge oder Spezifikationsabweichungen zu bearbeiten. Die Zuteilung eines sog. Änderungsbudgets ist möglich.

Änderungssteuerung

Verfahren zur Erfassung und Bearbeitung aller Änderungen mit Auswirkung auf die Projektziele.

Änderungssteuerungsansatz

Eine Definition, in welcher Weise und von welchen Personen die Produkte eines Projekts dokumentiert, gesteuert und geschützt werden.

Änderungssteuerungssystem

Die zur Realisierung des Änderungssteuerungsmanagaments eingesetzten Tools, Prozesse, Techniken und Datenbanken.

Ankündigung der Projektfreigabe

Mitteilung des Lenkungsausschusses an alle Stakeholder und Projektbeteiligten, dass das Projekt offiziell freigegeben wurde und die für das Projekt notwendige logistische Unterstützung (z.B. zur Kommunikation) angefordert wird.

Ankündigung der Projektinitiierung

Mitteilung des Lenkungsausschusses an alle Stakeholder und Projektbeteiligten, dass das Projekt als lohnenswert eingestuft wurde und nun der Prozess „Initiierung eines Projekts" beginnt.

Ankündigung des Projektabschlusses

Information des Lenkungsausschusses über die Beendigung des Projekts verbunden mit der Auflösung der Projektressourcen und -kommunikationswege. Weiterhin werden auch formale Hinweise gegeben, z.B. bis wann Kosten gegen die Projektkostenstelle gebucht werden können.

Annahme

Vorläufige Planungsgrundlage, die aufgrund von Faktenmangel zum Erstellungszeitpunkt getroffen wird. Sie kann später noch verändert werden, wenn detailliertere Informationen vorliegen.

Anpassung

Jeweilige Verwendung der PRINCE2-Methodik in der vorliegenden Projektsituation. PRINCE2 ist hier als flexibles Framework zu verstehen, welches an die tatsächlich vorliegenden Projektbedingungen angepasst werden musst.

Arbeitspaket

Umfasst die für die Erstellung eines Produkts notwendigen Informationen wie die Beschreibung der zu erledigenden Arbeiten oder die Produktbeschreibungen. Ein Arbeitspaket wird zwischen Projekt- und Teammanager als Arbeitsgrundlage definiert.

Auftraggeber

Vorsitzender des Lenkungsausschusses, der für den Erfolg des Projekts, die Verteilung der Vollmachten, die korrekte Beachtung der Projektrisiken als auch für den Business Case verantwortlich ist.

Aufzeichnungen
Fortlaufende Managementprodukte, die den Projektfortschritt dokumentieren.

Auslöser
Eine Entscheidung oder ein Ereignis, der ein PRINCE2-Projekt auslöst.

Ausnahme
Situation, in der eine Abweichung von gegebenen Projekttoleranzen eingetreten ist bzw. antizipiert werden kann.

Ausnahmebericht
Ein vom Projektmanager erstellter Bericht an den Lenkungsausschuss, der eine Ausnahme inklusive deren Auswirkungen und bestehendenBehandlungsmöglichkeiten untersucht. Eine Empfehlung des Projektmanagers ist ebenfalls enthalten.

Ausnahmebewertung
Beurteilung des Lenkungsausschusses, ob ein Ausnahmeplan akzeptiert oder abgelehnt werden soll.

Auswirkung (eines Risikos)
Das (erwartete) Resultat des Eintritts eines Risikos.

Baseline-Managementprodukt
Managementprodukt, das gewissen Stand des Projekts als Ausgangsbasis definiert und nach Bestätigung der Änderungsinstanz unterliegt.

Befugnis
Entscheidungskompetenz, um beispielsweise Ressourcen zu verteilen.

Benutzer
Person oder Gruppe, die mit dem Projektendprodukt nach Projektabschluss arbeiten und durch einen Repräsentanten (Benutzervertreter) im Lenkungsausschuss vertreten wird.

Benutzerabnahme

Form der Übergabe des Produkts an die späteren Benutzer.

Benutzervertreter

Siehe „Benutzer"

Berichte

Managementprodukte, die den gegenwärtigen Status des Projekts dokumentieren.

Betriebs- und Wartungsabnahme

Übergabe des Produkts an die späteren Unterstützer in der betrieblichen Verwendung des Produkts.

Business Case

Geschäftliche Rechtfertigung für ein Projekt. Umfasst Gründe, Optionen, Risiken, Zeit, Kosten, erwarteten Nutzen, erwartete negative Nebeneffekte als auch eine Investitionsrechnung des Projekts.

Einschränkungen

Restriktionen, die für das Projekt herrschen.

Eintrittsnähe (Risiko)

Der zeitliche Bezug eines Risikos. Neben Auswirkung, Eintrittswahrscheinlichkeit und Relevanz ein wichtiger Faktor zur Risikobewertung.

Eintrittswahrscheinlichkeit

Die bewertete Häufigkeit, mit der ein bestehendes Risiko tatsächlich eintreten wird.

Empfehlung des Projektabschlusses

Information vom Projektmanager an den Lenkungsausschuss. Dieser befindet nun, ob er dem Projektabschluss zustimmt oder nicht.

Empfehlungen für Folgeaktionen

Empfohlene Maßnahmen für z.B. die Beendigung notwendiger Arbeiten oder die Behandlung von Issues. Eine Übersicht all dieser Empfehlungen findet sich im Phasenabschluss- als auch im Projektabschlussbericht.

Ereignisgesteuerte Steuerungsmittel

Ein Werkzeug, von dem bei Auftreten gewisser Ereignisse (z.B. Phasenende oder auch Ende eines Geschäftsjahres) Gebrauch gemacht wird.

Erfahrungsbericht

Bericht, der sinnvolle Erfahrungswerte für andere Projekte dokumentiert. Somit sollen Fehler vergangener Projekte vermieden und Wissen aus positiven Erfahrungen weiterhin genutzt werden.

Erfahrungsprotokoll

Eine Zusammenstellung bisheriger, nützlicher Erfahrungen.

Ergreifen (Risikobehandlung)

Form der Behandlung einer Chance, bei der Maßnahmen zur Ergreifung des Risikos getroffen werden, um das gewünschte Ergebnis zu erzielen.

Ersteller

Die/der Entwickler eines Produkts.

Eventualfall (Risikobehandlung)

Form der Behandlung einer Bedrohung, bei der Maßnahmen für den Fall zusammengestellt werden, dass das Risiko tatsächlich eintritt.

Freigabe

Zeitpunkt der Genehmigung von Plänen bzw. der Erteilung von Befugnissen.

Governance (Projekt)

Teile der Lenkungsform des Unternehmens, die direkt die Projektaktivitäten berührt.

Somit werden die Effizienz der Tätigkeiten und die Abstimmung des Projekts auf die Unternehmensziele gewährleistet.

Governance (Unternehmen)

Ordnungsrahmen für die Leitung und Führung eines Unternehmens. Sie dient u.a. der Aufrechterhaltung effektiver Managementsysteme, dem Schutz der Wirtschaftsgüter als auch der Wahrung einer positiven Unternehmensreputation.

Grundprinzip

Grundsätze, die bei der Planung und Durchführung eines PRINCE2-Projekts unbedingt einzuhalten sind.

Initiierungsphase

Projektphase zwischen Freigabe der Projektinitiierung und Freigabe des Projekts, welche jeweils vom Lenkungsausschuss erteilt werden. Hier soll ein solides Fundament für das Projekt gelegt werden.

Integration (PRINCE2)

Schaffen der Bedingungen, die für den Gebrauch von PRINCE2 als Projektmanagement-Framework in einer Organisation existieren müssen.

Issue

Ein vorab nicht geplantes Ereignis, welches gemanagt werden muss.

Issue-Bericht

Bericht, in welchem ein Issue beschrieben, dessen Auswirkungen geschätzt und eine Handlungsempfehlung abgegeben wird.

Kategorie der Risikobehandlung

Hier wird differenziert zwischen Chancen und Bedrohungen. Für Chancen: Steigern, Ergreifen, Ablehnen oder Teilen. Für Bedrohungen: Vermeiden, Reduzieren, Übertragen, Akzeptieren oder Teilen.

Kommunikationsmanagementansatz

Definition der projektbezogenen Kommunikation inklusive Austauschmedien und -zyklen.

Konfigurationsdatensatz

Ein Nachweis über Status, Version und Variante eines Konfigurationselements. Es werden auch Verbindungen zu anderen Elementen dargestellt.

Konfigurationselement

Eine Einheit, die zum Konfigurationsmanagement gehört.

Konfigurationsmanagement

Technische und organisatorische Behandlung der Konfiguration eines Projekts während dessen Lebensdauer.

Korrekturmaßnahme

Eine beim Überschreiten von Toleranzgrenzen oder dem Feststellen mangelhafter Produkte zu ergreifende Reaktionsmaßnahme.

Kostentoleranz

Spezifische Toleranz für Kostenabweichungen.

Kunde

Die Gruppe oder Einzelperson, die Auftraggeber für das Projekt ist und Nutzen aus dem Projektendprodukt zieht.

Kundenqualitätserwartungen

Die kundenseitige Beschreibung der Beschaffenheit und Qualität des Projektendprodukts.

Lieferant

Die Gruppe oder Einzelperson, die für die Bereitstellung der Spezialistenprodukte zuständig ist.

Lieferantenvertreter

Repräsentant der Lieferantenseite im Lenkungsausschuss.

Liefergegenstand

Synonym für „Output"

Managementphase

Projektabschnitt, der jeweils vom Projektmanager gesteuert und vom Lenkungsausschuss freigegeben und beendet wird.

Managementprodukt

Ein Produkt, welches für die Projektsteuerungs- und Qualitätsaktivitäten erstellt wird und dem Managen des Projekts dient. Unterscheidung dreier Arten: Baselines, Aufzeichnungen, Berichte.

Meilenstein

Ein definiertes und wichtiges Zwischenergebnis eines Projekts.

Negativer Nebeneffekt

Effekt, der durch die Ausführung des Projekts mit Sicherheit entsteht und für mindestens einen Stakeholder negativer Natur ist.

Nutzen

Eine messbare Verbesserung, die durch das Projekt entsteht.

Nutzenmanagementansatz

Plan, der beinhaltet, wie und wann der Nutzen eines Projekts gemessen werden kann.

Nutzentoleranz

Spezifische Toleranz für Nutzenabweichungen.

Output

Spezialistenprodukt, welches ein Benutzer erhält.

Phase

Teilabschnitt eines Projekts. Es wird zwischen Management- und technischen Phasen unterschieden.

Phasenabschlussbericht

Bericht, der aktuellen Projektstatus enthält und am Ende einer Phase vom Projektmanager an den Lenkungsausschuss übergeben wird.

Phasenabschlussbewertung

Auswertung des Phasenabschlussberichts durch den Lenkungsausschuss und den Projektmanager. Entscheidet dann über die Genehmigung des nächsten Phasenplans.

Phasenplan

Basis für die Abwicklung des Daily Business durch den Projektmanager.

Plan

Eine definierte Strukturierung eines Vorhabens, wobei die jeweiligen Ziele, der Zeitplan und die involvierten Personen enthalten sind.

Planmäßiger Abschluss

Ein nicht-vorzeitiger Projektabschluss.

Planungshorizont

Zeitliche Spanne, in der granulare Planung möglich ist.

Portfolio

Alle von der Organisation ausgeführten Projekt oder Programme.

PRINCE2

Framework für effizientes Projektmanagement. Steht für "PRojects IN Controlled Environments".

PRINCE2-Projekt

Ein Projekt, das den Grundprinzipien von PRINCE2 folgt.

Problem/Anliegen

Issue, der vom Projektmanager zu bearbeiten ist.

Produkt

Oberbegriff für einen materiellen oder immateriellen In- oder Output. Man trennt zwischen Spezialisten- und Managementprodukten.

Produktabnahme

Offizielle und formelle Bestätigung über die Fertigstellung eines Produkts. Damit wird auch die Produktqualität gemäß den vereinbarten Eigenschaften verifiziert.

Produktbasierte Planung

Methode zur Erstellung eines Plans, bei dem stets eine Orientierung an den zu liefernden Produkten erfolgt.

Produktbeschreibung

Beinhaltet eine nähere Produkterläuterung inklusive Aufbau, Zweck und Qualitätskriterien des Produkts. Wird während der Planung eines Produkts erstellt.

Produktbeschreibung des Projektendprodukts (PEP)

Definiert die tatsächlich zu erbringende Projektleistung. Damit werden Ausmaß und Anforderungen des Projekts mit dem Auftraggeber abgestimmt, Projektabnahmekriterien und -methoden festgehalten und Qualitätserwartungen dokumentiert.

Produktcheckliste

Übersicht über bedeutendste Produkte inklusive Deadline der Lieferung.

Produktflussdiagramm

Eine Darstellungsweise der Chronologie einzelner Produktionsschritte. Die jeweiligen Produktionsdauern sind dabei enthalten.

Produktstatusauskunft

Ein Bericht über den aktuellen Status eines Produktes.

Produktstrukturplan

Eine hierarchische Darstellung eines Produktes mit seinen Teilprodukten.

Programm

Eine dynamische Organisationsstruktur, welche zur Koordination und Durchführung mehrerer Teilprojekte geschaffen wurde und meist über mehrere Jahre hinweg besteht.

Projekt

Eine für einen konkreten, befristeten Zeitraum geschaffene Organisation, die der Erfüllung eines definierten Zwecks und der Lieferung eines bestimmten Produkts dient.

Projektabnahme

Die offizielle Bestätigung, dass die zu Projektbeginn definierten Projektabnahmekriterien und damit auch die Anforderungen der einzelnen Stakeholder erfüllt wurden.

Projektabnahmekriterien

Eigenschaften, die Projektendprodukt erfüllen muss, um vom Kunden abgenommen zu werden.

Projektabschlussbericht

Vom Projektmanager anzufertigender Bericht, der die Übergabe der Produkte dokumentiert, den Business Case ein letztes Mal aktualisiert und bewertet, wie erfolgreich das Projekt war.

Projektbeschreibung

Wird im Prozess „Vorbereiten eines Projekts" erstellt und beinhaltet den Zweck des Projekts, die Organisation des Projektmanagementteams, den Business Case-Entwurf, den Projektlösungsansatz und die Beschreibung des Projektendprodukts.

Projektbüro/ Projektunterstützung (Project Managing Office, PMO)

Organisiertes Team, welches Projektmanagementunterstützungsarbeit leistet.

Projektendprodukt

Letztendlich zu lieferndes Ergebnis des Projekts.

Projektlebenszyklus

Gesamter Zeitraum des Projekts über alle Prozesse und Phasen.

Projektleitdokumentation

Eine Sammlung aller wesentlichen Dokumente des Projekts.

Projektlösungsansatz

Ansatz für die Art und Weise, wie ein Projekt aufgesetzt werden soll. Hier ist die so genannte „Make or Buy-Entscheidung" zu treffen.

Projektmanagement

Die Planung, Delegierung, Überwachung und Steuerung aller Komponenten und Belange eines Projekts.

Projektmanagementteam

Umfasst alle Mitglieder der Projektorganisation.

Projektmanager (PM)

Person mit der Durchführungsverantwortung für das Projekt. Der PM leitet das Tagesgeschäft und bildet die Schnittstelle zwischen Lenkungsausschuss und Teammanagern.

Projektmandat

Die externe Initiation des Projekts. Hiermit beginnt der Prozess „Vorbereiten des Projekts".

Projektplan

Ein Plan, der einen Überblick über den Verlauf und die bedeutendsten Produkte des Projekts gibt, welcher aber bewusst nicht zu detailliert ausfällt. Der Projektplan wird während der Projektlaufzeit als Bestandteil der Projektleitdokumentation immer wieder aktualisiert.

Projektsicherung

Aufgabe seitens des Lenkungsausschusses, der gewährleisten muss, dass das Projekt planmäßig durchgeführt wird. Dabei obliegt jedem Mitglied des Lenkungsausschusses ein gewisser Teil der Sicherungsverantwortung.

Projektstandort

Ein Standort, an welchem projektbezogene Arbeit verrichtet wird.

Projektstatusbericht

Vom Projektmanager zu erstellender Bericht, der der Information des Lenkungsausschusses dient. Er wird regelmäßig in definierten Zyklen erstellt.

Projekttagebuch

Aufzeichnungen des Projektmanagers, wo Probleme oder Anliegen formlos festgehalten werden.

Projektunterstützung

Person/Gruppe zur administrativen Unterstützung des Projektmanagementteams.

Protokolle

Sammlung von Informationen seitens des Projektmanagers, die weder mit dem Lenkungsausschuss besprochen noch besondere Formkriterien erfüllen muss. Unterscheidung in zwei Arten: Projekttagebuch und Erfahrungsprotokoll.

Prozess

Strukturierte Abfolge von Aktivitäten, die einen definierten Input in einen definierten Output verwandelt.

Prüfer

Person/Gruppe, die die Erfüllung von Qualitätskriterien eines bestimmten Produkts kontrolliert und dabei unabhängig vom Ersteller des Produkts ist.

Puffer

Vorab einkalkulierte Reserven in z.B. finanzieller oder zeitlicher Hinsicht, um Planabweichungen kompensieren zu können. Puffer finden im Rahmen von PRINCE2 keinen direkten Einsatz, sondern werden im Rahmen von Toleranzen abgebildet.

Qualität

Die Aggregation aller Eigenschaften oder Leistungsmerkmale, die ein Produkt, eine Aktivität, eine erbrachte Leistung oder ein System aufweist.

Qualitätsdokumentation

Dokumentation über den Nachweis der Durchführung der notwendigen Qualitätssicherungsmaßnahmen.

Qualitätskriterien

Qualitative Ansprüche an ein Produkt, die bei der Qualitätsmessung erfüllt sein müssen.

Qualitätsmanagement

Die Planung, Steuerung und Kontrolle aller Aktivitäten die mit Qualitätsdefinition und -messung in Zusammenhang stehen.

Qualitätsmanagementansatz

Verfolgte Strategie, um die vorab definierten Qualitätsanforderungen tatsächlich zu erreichen.

Qualitätsmanagementsystem

Gesamtheit aller mit dem Qualitätsmanagement in Zusammenhang stehenden Standards, Prozesse, Methoden und Personen.

Qualitätsprüfung

Eine ausführliche und strukturierte Überprüfung der Qualität eines Produkts, welche durch ein Prüfungsteam – bestehend aus mindestens zwei Personen – geplant, gesteuert und dokumentiert wird

Qualitätsprüfungstechnik

Methode zur Ausführung der Qualitätsprüfung mit klarer Rollenverteilung und einem definierten Ablauf.

Qualitätsregister

Hier werden alle Aktivitäten im Rahmen des Qualitätsmanagements gebündelt. Benutzt wird es hauptsächlich von Projektmanager und seiner Projektunterstützung, um die erzielten Fortschritte zu prüfen.

Qualitätssicherung

Unabhängige Prüfung eines Produkts auf Erfüllung der Qualitätskriterien.

Qualitätssteuerung

Die Aktivität der Prüfung bestimmter Projektergebnisse und das Einleiten von Korrekturmaßnahmen bei eventuellen Leistungsmängeln.

Qualitätstoleranz

Spezifische Toleranz für Qualitätsabweichungen. Dabei ist für jedes Leistungsmerkmal eines jeden (Teil-)Produkts eine individuelle, zulässige Abweichung zu definieren.

Reduzieren (Risikobehandlung)

Form der Behandlung einer Bedrohung, um durch vorzeitige Maßnahmen einerseits die Eintrittswahrscheinlichkeit und andererseits die Auswirkungen zu verringern, sollte das Ereignis dennoch eintreten.

Register

Vom Projektmanager zu führende, formelle Listen. Unterscheidung dreier Arten: Register Issues, Risikoregister, Qualitätsregister.

Register, Issue-

Sammlung und Bearbeitung aller formell erfassten Issue. Obliegt dem Projektmanager.

Release

Ein Bündel zusammengehöriger Produkte, die eine Einheit bilden und auch als solche getestet, übergeben und implementiert werden.

Restrisiko

Der Teil eines Risikos, der bestehen bleibt, wenn eine Gegenmaßnahme ergriffen wird.

Risiko

Ein Ereignis oder Bündel von Ereignissen, die bei einem Eintritt das Projekt positiv (Chance) oder negativ (Bedrohung) beeinflussen. Das Risiko ergibt sich aus dem Produkt von Eintrittswahrscheinlichkeit und Auswirkung.

Risikobearbeiter

Person, die die Maßnahmen einer Risikobehandlung verantwortet, sollte der Risikoeigentümer die Maßnahmen nicht direkt kontrollieren können.

Risikobehandlung

Umgang und Verfahrensweise mit einem bestimmten Risiko.

Risikobereitschaft

Sagt aus, wie risikoavers oder risikoaffin eine Projektorganisation ist.

Risikobeurteilung

Gesamtheit der einzelnen Risikoeinschätzungen einer konkreten Aktivität. Bedrohungen und Chancen werden einander gegenübergestellt.

Risikoeigentümer

Eine konkrete Person, die für ein Risiko als verantwortlich bestimmt wurde.

Risikoeinschätzung

Die Betrachtung von Eintrittswahrscheinlichkeit und Auswirkung eines Risikos unter Verwendung vorgegebener Standards.

Risikomanagement

Alle Aktivitäten, die mit der Identifizierung und Einschätzung von Risiken als auch der Ergreifung von Gegenmaßnahmen in Zusammenhang stehen.

Risikomanagementstrategie

Verfolgte Strategie, die alle wichtigen Aspekte des Risikomanagements wie z.B. Rollenverteilung und Risikotoleranzen enthält.

Risikoprofil

Gesamtheit der Risiken, der einer Organisation ausgesetzt ist, als auch die Gefährdung, die dadurch entsteht.

Risikoregister

Sammlung aller Risiken eines Vorhabens inklusive Beschreibung und gegenwärtigem Stand der einzelnen Risiken.

Risikotoleranz

Spezifische Grenzwerte der Risikobelastung, die für einzelne Risiken als auch für das Gesamtprojektrisiko definiert werden können. Werden diese überschritten, so muss eine Eskalation an den Lenkungsausschuss erfolgen.

Risikotoleranzgrenze

Eindeutige Linie im gesamten Risikoprofil. Bei einer Überschreitung wird direkt an den Lenkungsausschuss eskaliert.

Rollenbeschreibung

Beschreibung von Verantwortlichkeiten und Befugnissen einer konkreten Rolle.

Spezialistenprodukt

Ein fachlicher Output, der auf Grundlage eines Plans hergestellt werden soll.

Spezifikationsabweichung

Issue, bei dem eine definierte Anforderung an ein Produkt nicht oder vermutlich nicht erfüllt wird.

Sponsor

Entspricht in der Regel dem Auftraggeber.

Stakeholder

Verschiedene Personen oder Gruppen, die unterschiedliche Interessen an das Projekt haben.

Steigern (Risikobehandlung)

Form der Behandlung einer Chance. Durch den Einsatz von Maßnahmen soll die Eintrittswahrscheinlichkeit und – im Falle des Eintritts – die positive Auswirkung des Risikos erhöht werden.

Struktur des Projektmanagements

Darstellung von Rollen und Personen in Form eines Organigramms.

Teammanager

Rolle, die für die Leitung eines Arbeitsteams und die Lieferung definierter Arbeitspakete an den Projektmanager verantwortlich ist.

Teamplan

Ein optionaler Plan zur Steuerung der Ausführung der Arbeitspakete innerhalb eines Teams.

Teamstatusbericht

Vom Teammanager zu erstellender Bericht an den Projektmanager, der den Fortschritt der Arbeit des Teams dokumentiert.

Teamstatuskontrolle

Prüfung des Arbeitsfortschritts eines Teams, die in regelmäßigen Zyklen erfolgt.

Technische Phase

Einzelne Projektabschnitte, die sich an der Erstellung der Produkte oder Verwendung von Methoden orientieren.

Teilen (Risikobehandlung)

Form der Behandlung einer Chance oder Bedrohung. Dabei wird festgelegt, dass potenzielle Gewinne oder Verluste, die nicht mit Sicherheit anfallen, im Falle des Auftretens zwischen den beiden beteiligten Parteien aufzuteilen.

Thema

Ein wichtiges Gebiet im Projektmanagement nach PRINCE2, dessen Kenntnis unabdingbar für eine erfolgreiche Projektdurchführung ist.

Toleranz

Zulässige Abweichung von projektbezogenen Vorgaben, z.B. in finanzieller oder qualitativer Hinsicht, bei der keine Eskalation an den Lenkungsausschuss erfolgen muss.

Übergabe

Die Übertragung von einzelnen Produkten oder eines Release an den Benutzer.

Übertragen (Risikobehandlung)

Form der Behandlung einer Bedrohung, wobei ein Teil des Risikos an eine dritte Partei beispielsweise in Form einer Versicherung ausgelagert wird.

Umfang

Ist die Aggregation aller Produkte inklusive deren Anforderungen.

Umfangtoleranz

Spezifische Toleranz für den Umfang eines Plans.

Unternehmens- bzw. Programmstandards

Wichtige Leitsätze, denen das Projekt gerecht werden muss.

Variante

Eine Abart eines Produkts, welches als Baseline definiert wurde.

Verfahren

Eine Abfolge von Maßnahmen zur Erfüllung eines gewissen Zwecks.

Vergleichswerte (Baseline)

Referenzwerte zur Überwachung und Kontrolle von Einheiten.

Vermeiden (Risikobehandlung)

Form der Behandlung einer Bedrohung, bei der Maßnahmen ergriffen werden, um das Eintreten eines Ereignisses auszuschließen oder die Auswirkungen des Ereignisses zu eliminieren.

Version

Klar gekennzeichnete Baseline eines Produkts.

Voraussetzungen (Plan)

Notwendige Bedingungen, um einen Plan erfolgreich durchführen zu können.

Vorbereitung

Die vor Projektinitiierung zu erledigenden Tätigkeiten wie z.B. die Erstellung des Business Case-Entwurf.

Vorzeitiger Abschluss

Der frühzeitige Abbruch des Projekts, wobei bisher geschaffene Produkte erhalten und existierende Lücken zwischen Projektzielen und tatsächlich erreichtem Ergebnis dem Unternehmens- oder Programmmanagement mitgeteilt werden.

Wasserfallmodell

Methode zum Projektmanagement, die einen klaren und linearen Ablaufplan hat.

Zeitgesteuertes Steuerungsmittel

Steuerungsmittel, welches in festen zeitlichen Intervallen an die jeweils höhere Hierarchiestufe gegeben wird.

Zeitplan

Diagrammatische Darstellungsweise eines Plans mit Ablaufabfolge der Aufgabenbearbeitung.

Zeittoleranz

Spezifische Toleranz für Zeitabweichungen.

Zielvorgaben

Die Planvorgaben bezüglich der Dimensionen Kosten, Zeit, Umfang, Qualität, Nutzen und Risiko.

8 Lösungen zu den Übungsfragen

Lösung Übungsfragen Kapitel Eins - Grundlagen (Seite 49)

Die richtigen Antworten sind:

Frage 1:	D	Frage 6:	A	Frage 11:	B
Frage 2:	A	Frage 7:	A	Frage 12:	C
Frage 3:	D	Frage 8:	B	Frage 13:	A
Frage 4:	A	Frage 9:	B		
Frage 5:	B	Frage 10:	C		

Lösung Übungsfragen Kapitel Zwei - Projektvorbereitung (Seite 82)

Die richtigen Antworten sind:

Frage 14:	D	Frage 18:	D	Frage 22:	C
Frage 15:	C	Frage 19:	A	Frage 23:	C
Frage 16:	A	Frage 20:	A	Frage 24:	A
Frage 17:	A	Frage 21:	B		

Lösung Übungsfragen Kapitel Drei – Projektinitiierung (Seite 140)

Die richtigen Antworten sind:

Frage 25:	B	Frage 27:	B	Frage 29:	B
Frage 26:	A	Frage 28:	C	Frage 30:	A

Frage 31:	A	Frage 34:	D	Frage 37:	B
Frage 32:	B	Frage 35:	B	Frage 38:	C
Frage 33:	A	Frage 36:	B	Frage 39:	A

Lösung Übungsfragen Kapitel Vier - Projektablauf (Seite 163)

Die richtigen Antworten sind:

Frage 40:	C	Frage 47:	C	Frage 54:	B
Frage 41:	D	Frage 48:	C	Frage 55:	B
Frage 42:	D	Frage 49:	A	Frage 56:	B
Frage 43:	C	Frage 50:	D	Frage 57:	C
Frage 44:	B	Frage 51:	C	Frage 58:	A
Frage 45:	C	Frage 52:	A		
Frage 46:	B	Frage 53:	C		

Lösung Übungsfragen Kapitel 5 – Projektabschluss (Seite 172)

Die richtigen Antworten sind:

| Frage 59: | B |
| Frage 60: | A |

9 Bonus Prüfungsmaterial

In diesem Kapitel kann man tiefer in die Lösungen eintauchen, denn es wird erklärt, warum eine Antwort richtig oder falsch ist. Außerdem finden sich die Referenznummern des Original Prince2 Manuals direkt bei den Erklärungen.

Frage 1: Antwort D ist richtig

(1) Richtig. Wahrscheinlich gibt es Individuen oder Gruppen, die nicht Teil des Projektmanagement-Teams sind, eventuell aber das Projekt beeinflussen oder vom Ergebnis des Projektes betroffen sein könnten. Ref 7.1, 7.2.2, 7.3.9

(2) Falsch. Es ist wichtig, zu analysieren, wer die Stakeholder sind, und sie in geeigneter Weise einzubeziehen. Ref 7.1, 7.3.9

(3) Falsch. Wichtig ist, dass der Kommunikationsmanagement-Ansatz an den Übergängen jeder Phase geprüft und eventuell aktualisiert wird, damit alle wichtigen Stakeholder weiterhin erfasst sind. Ref 7.1, 7.2.2, 7.3.9

(4) Richtig. Der Kommunikationsmanagement-Ansatz enthält eine Beschreibung der Mittel und der Häufigkeit der Kommunikation mit den internen und externen Parteien eines Projekts. Ref 7.1, 7.2.2, 7.3.9

Frage 2: Antwort A ist richtig

A. Richtig. Durch Anpassung soll sichergestellt werden, dass Projektsteuerungsmittel dem Umfang, der Komplexität, der Bedeutung, der Leistungsfähigkeit und den Risiken eines Projekts gerecht werden (z. B. Häufigkeit und Formalität von Berichten und Prüfungen). Ref 3.7

B. Falsch. Das „Steuern nach dem Ausnahmeprinzip" legt Toleranzen für sechs Leistungsaspekte fest. Diese sechs Bereiche sind nicht angepasst. Ref 3.5, 4.3.1

C. Falsch. Das Grundprinzip „Definierte Rollen und Verantwortlichkeiten" legt fest, dass die Interessen der drei wichtigsten Stakeholder vertreten werden: Unternehmen, Benutzer und Lieferanten. Diese drei Bereiche sind nicht angepasst. Ref 3.3, 4.3.1

D. Falsch. PRINCE2-Projekte liefern Outputs in Form von Produkten. Eine Anpassung findet nicht bei Spezialistenprodukten statt, sondern bei der Projektmanagementmethode und bei den Projektsteuerungsmitteln. Ref 3.7, 6.1

Frage 3: Antwort D richtig

A. Falsch. Die geschäftliche Rechtfertigung für ein Projekt, obligatorisch oder nicht, muss dokumentiert und genehmigt werden. Ref 3.1
B. Falsch. Dass die geschäftliche Rechtfertigung gültig bleiben soll, heißt nicht, dass sie sich nicht verändern kann. Ref 3.1
C. Falsch. Format und Formalität der Dokumentation können je nach Anforderungen und Umständen variieren. Ref 3.1
D. Richtig. Auch obligatorische Projekte sollten von einer geschäftlichen Rechtfertigung gestützt werden, damit nachgewiesen werden kann, dass die gewählte Option im besten Preis-Leistungs-Verhältnis steht. Ref 3.1

Frage 4: Antwort A richtig

A. Richtig. Bei Projektstart sollten frühere oder ähnliche Projekte auf eventuell übertragbare Erfahrungswerte überprüft werden. Ref 3.2
B. Falsch. In einem PRINCE2-Projekt wird das Grundprinzip „Produktorientierung" angewendet. Es ist auf die Definition und Lieferung von Produkten ausgerichtet, wobei der Schwerpunkt auf Qualitätsanforderungen liegt. Ref 3.6
C. Falsch. In einem PRINCE2-Projekt wird die „Steuerung nach dem Ausnahmeprinzip" angewendet. Für jedes Projektziel werden bestimmte Toleranzen definiert, die den Handlungsrahmen für delegierte Befugnisse festlegen. Ref 3.5
D. Falsch. In einem PRINCE2-Projekt wird das Grundprinzip „Steuern über Managementphasen" angewendet. Der Lenkungsausschuss delegiert die Befugnisse für die Steuerung einer Managementphase im Tagesgeschäft an den Projektmanager, der bestimmte Toleranzen einhalten muss. Ref 3.4

Frage 5: Antwort B richtig

A. Falsch. Die Tatsache, dass Projekte einzigartige Outputs haben, ist ein Grund für das Grundprinzip „Produktorientierung". Ref 3.6
B. Richtig. Ein Projekt ist üblicherweise bereichsübergreifend. Vereinbarte Rollen und Verantwortlichkeiten stellen sicher, dass die beteiligten Personen wissen, was von ihnen erwartet wird und was sie von anderen erwarten können. Ref 3.3
C. Falsch. Das Grundprinzip „Fortlaufende geschäftliche Rechtfertigung" wird angewendet, damit doppelte oder widersprüchliche Ziele verhindert werden können. Ref 3.1

D. Falsch. Ziel des Grundprinzips „Steuern über Managementphasen" ist es, Kontrollpunkte zu etablieren. Ref 3.4

Frage 6: Antwort A richtig

A. Richtig. Es wird davon ausgegangen, dass es einen Kunden gibt, der ein angestrebtes Ergebnis spezifiziert und wahrscheinlich das Projekt bezahlt. Ref 4.3.

B. Falsch. Es wird davon ausgegangen, dass der Lieferant die Ressourcen und Fähigkeiten zum Erzielen des gewünschten Ergebnisses bereitstellt, und nicht der Kunde. Ref 4.3.

C. Falsch. Das ist die Verantwortlichkeit des Lieferanten, nicht die Verantwortlichkeit des Kunden. Ref 7.2.1.4

D. Falsch. Das ist die Verantwortlichkeit des Lieferanten, nicht die Verantwortlichkeit des Kunden. Ref 7.2.1.4

Frage 7: Antwort A ist richtig

(1) Richtig. Prozesse können kombiniert oder angepasst werden. Ref 4.3.1

(2) Richtig. Die Terminologie kann geändert werden, sodass sie zu anderen Standards oder Richtlinien passt. Ref 4.3.1

(3) Falsch. In jedem Projekt müssen alle sieben Themen zur Anwendung kommen, allerdings sollten diese der Komplexität des Projektes angepasst werden. Ref 5.1

(4) Falsch. Einige Projektrollen können nicht geteilt oder kombiniert werden, z. B. Projektmanager und Auftraggeber. Ref 7.2.1.10

Frage 8: Antwort B richtig

A. Falsch. Sowohl die Projekte als auch das Tagesgeschäft können Nutzen erzielen. Das ist kein charakteristisches Merkmal, das Projekte anders macht. Ref 2.1

B. Richtig. Wir benutzen Projekte, um Veränderungen zu realisieren. Wenn die Veränderung realisiert wurde, wird der normale Geschäftsbetrieb (in der neuen Form) wieder aufgenommen. Ref 2.1

C. Falsch. Sowohl Projekte als auch das Tagesgeschäft umfassen das Stakeholdermanagement. Das ist kein charakteristisches Merkmal, das Projekte anders macht. Ref 2.1

D. Falsch. Sowohl Projekte als auch das Tagesgeschäft verursachen Kosten. Das ist kein charakteristisches Merkmal, das Projekte anders macht. Ref 2.1

Frage 9: Antwort B richtig

A. Falsch. Eine nicht zeitgerechte Lieferung kann Einfluss darauf haben, welche Produkte geliefert werden können. Das hat aber keinen Einfluss darauf, was das Projekt liefern soll. Ref 2.3

B. Richtig. Eine klare Vereinbarung über den Umfang bewahrt Benutzer und Lieferanten vor falschen Annahmen hinsichtlich dessen, was geliefert werden soll. Ref 2.3

C. Falsch. Risiko ist eine der sechs Dimensionen, hat aber keinen Einfluss auf das Verständnis hinsichtlich der geforderten Liefergegenstände. Ref 2.3

D. Falsch. Projektkosten müssen gemanagt werden, damit das Budget nicht überschritten wird, sie geben aber keinen Aufschluss darüber, was geliefert werden soll. Ref 2.3

Frage 10: Antwort C richtig

A. Falsch. Qualität ist eine Dimension der Projektleistung, die gemanagt werden muss. Die integrierten Bausteine sind: Grundprinzipien, Themen, Prozesse und die Projektumgebung. Ref 1.1

B. Falsch. Rollenbeschreibungen sind dazu da, Rollen und Verantwortlichkeiten im Projektmanagement-Team zu beschreiben und zu kommunizieren. Die integrierten Bausteine sind: Grundprinzipien, Themen, Prozesse und die Projektumgebung. Ref 1.1

C. Richtig. Die integrierten Bausteine sind: Grundprinzipien, Themen, Prozesse und die Projektumgebung. Ref 1.1

D. Falsch. Produktbeschreibungen unterstützen das Prinzip der Produktorientierung, aber die integrierten Bausteine sind: Grundprinzipien, Themen, Prozesse und Projektumgebung. Ref 1.1

Frage 11: Antwort B richtig

A. Falsch. Für die Anwendung des Grundprinzips „Steuern über Managementphasen" muss ein Projekt mindestens zwei Managementphasen aufweisen. Ref 3.4

B. Richtig. Rechenschaften werden durch die Einrichtung von Steuerungsmitteln festgelegt, sodass bei einer Überschreitung der Toleranzen die nächsthöhere Managementebene konsultiert und entschieden werden kann, wie weiter verfahren wird. Ref 3.4

C. Falsch. Das Grundprinzip „Fortlaufende geschäftliche Rechtfertigung" ermöglicht dem Projektmanagement sicherzugehen, dass ein Projekt wünschenswert, realisierbar und erreichbar ist. Ref 3.1

D. Falsch. Durch Anwendung des Grundprinzips „Lernen aus Erfahrung" können vorherige Erfahrungen auf das Projekt angewendet werden. Ref 3.2

Frage 12: Antwort C richtig

A. Falsch. Das Verständnis von delegierten Befugnissen und festgelegten Toleranzen ist ein Nutzen der Anwendung von „Steuern nach dem Ausnahmeprinzip". Ref 3.5

B. Falsch. Das Verständnis von Kundenerwartungen und Projektabnahmekriterien ist ein Nutzen der Anwendung des Grundprinzips „Produktorientierung". Ref 3.6

C. Richtig. Das Grundprinzip „Steuern über Managementphasen" stellt Prüf- und Entscheidungspunkte bereit, anhand derer der Lenkungsausschuss bewerten kann, ob sich das Projekt lohnt. Ref 3.4

D. Falsch. Die Vertretung von Stakeholdern des Unternehmens, der Benutzer und der Lieferanten ist ein Nutzen der Anwendung des Grundprinzips „Rollen und Verantwortlichkeiten". Ref 3.3

Frage 13: Antwort A richtig

A. Richtig. PRINCE2 basiert auf bewährten und fundierten Best Practices und Governanceaspekten für Projektmanagement. Ref 1

B. Falsch. Es gibt eine Vielzahl von bewährten Planungs- und Steuerungstechniken, die unterstützend zu den PRINCE2-Themen eingesetzt werden können, beispielsweise die Netzplantechnik (im Plan) und die Leistungswertanalyse (in der Fortschrittskontrolle). Einige Techniken werden im Handbuch beschrieben. Dennoch können ersatzweise alternative, gleichwertige Techniken verwendet werden, sofern diese die Mindestanforderungen für die Anwendung des Themas erfüllen. Ref 1.2

C. Falsch. Natürlich ist es von Vorteil, wenn eine einzelne Person verantwortlich für ein Projekt ist. Im Falle von PRINCE2 ist diese Person jedoch der Auftraggeber und kein Projektmanager. Ref 7.2.1.2

D. Falsch. Projekte können sich ändern, auch nachdem für die Produkte Baseline festgelegt wurden. Ref 2.1

Frage 14: Antwort D richtig

A. Falsch. Einem Teammanager darf keine Rolle in der Projektsicherung zugewiesen werden. Daher ist die Definition der Projektsicherungsaufgaben der Teammanager keine Mindestanforderung für die Anwendung des Themas „Organisation". Ref 7.2, 7.3.1, 7.2.1.10

B. Falsch. Das Kombinieren von Rollen ist erlaubt, aber keine Mindestanforderung für die Anwendung des Themas „Organisation". Ref 7.2, 7.2.1.1, 7.2.1.10

C. Falsch. Es ist erlaubt, einen Business Change Manager innerhalb der Programmumgebung als Benutzervertreter zu ernennen. Dies ist aber keine Mindestanforderung für die Anwendung des Themas „Organisation". Ref 7.2, 7.3.3

D. Richtig. Damit ein Projekt als PRINCE2-konform gilt, muss der für das Projekt genutzte Ansatz für die Kommunikation mit Stakeholdern sowie für deren Einbeziehung festgelegt werden. Ref 7.2

Frage 15: Antwort C richtig

A. Falsch. Im Erfahrungsbericht werden Erfahrungen weitergegeben, die auch für andere Projekte nützlich sein können. Ref 19.4.4, A.15.1

B. Falsch. Der Zweck der Produktstatusauskunft ist die Bereitstellung von Informationen über den Stand der Produkte innerhalb bestimmter Parameter. Ref 11.1, A.18.1

C. Richtig. Mit einem Projektstatusbericht wird dem Lenkungsausschuss in vorgegebenen Abständen eine Zusammenfassung zum Phasenstatus vorgelegt. Der Lenkungsausschuss nutzt den Bericht, um den Fortschritt der Phase und des Projekts zu überwachen. Ref 12.2.2.4, A.11.1

D. Falsch. Mit dem Teamstatusbericht teilt der Teammanager dem Projektmanager den Status eines Arbeitspakets mit. Ref 12.2.2.4, A.4.1

Frage 16: Antwort A richtig

A. Richtig. Der Projektmanager übernimmt die Rolle der Projektunterstützung, sofern diese nicht einer anderen Person/anderen Personen zugewiesen wurde. Ref 7.2.1.9

B. Falsch. Die Projektunterstützung ist keine optionale Rolle in einem PRINCE2-Projekt. Diese muss entweder vom Projektmanager übernommen oder vom Projektmanager delegiert werden. Ref 7.2.1.9

C. Falsch. Der Teammanager erstellt Teamstatusberichte und bietet keine Projektunterstützung. Ref 7.2.1.8, 7.2.1.9, Tab 12.2

D. Falsch. Die Projektunterstützung kann nicht mit der Rolle der Projektsicherung kombiniert werden. Die beiden Rollen sollten getrennt bleiben, damit die Unabhängigkeit der Projektsicherung gewahrt bleibt. Ref 7.2.1.10

Frage 17: Antwort A richtig

A. Richtig. Ein Ziel des Prozesses „Vorbereiten eines Projekts" ist, sicherzustellen, dass nicht unnötig Zeit mit der Initiierung eines Projekts verschwendet wird, das nicht auf gesicherten Annahmen basiert. Ref 14.2

B. Falsch. Das Projektmanagement-Team wird im Prozess „Vorbereiten eines Projekts" zusammengestellt, aber die eigentlichen Teammanager können im Prozess „Managen eines Phasenübergangs" bestimmt werden. Ref 14.4.3

C. Falsch. Der Projektplan wird im Prozess „Initiieren eines Projekts" erstellt und vom Lenkungsausschuss im Prozess „Lenken eines Projekts" genehmigt. Ref 16.4.7, 15.4.2

D. Falsch. Die Projektleitdokumentation wird im Prozess „Initiieren eines Projekts" vorbereitet. Ref 16.4.9

Frage 18: Antwort D richtig

A. Falsch. Der Lieferantenvertreter vertritt die Entwickler eines Projektprodukts. Ref 7.2.1.4

B. Falsch. Der Benutzervertreter wird vom Auftraggeber ernannt, um die Bedürfnisse der Benutzer zu repräsentieren. Er trifft keine Entscheidungen im Auftrag des Unternehmensmanagements. Ref 7.2.1.3

C. Falsch. Der Lieferantenvertreter vertritt die Projektentwicklerteams. Ref 7.2.1.4

D. Richtig. Der Benutzervertreter trifft Entscheidungen im Auftrag derjenigen, die einen Nutzen vom Projektprodukt haben. Ref 7.2.1.3

Frage 19: Antwort A richtig

A. Richtig. Dies ist ein Output – ein Spezialistenprodukt, das dem Benutzer/den Benutzern übergeben wird. Hinweis: Managementprodukte hingegen sind keine Outputs, sondern dienen ausschließlich dem Management des Projekts. Ref-Glossar, 6.1

B. Falsch. Das ist ein Ergebnis – das Resultat einer Veränderung, das sich normalerweise auf das Verhalten und/oder die Umstände in der Umgebung auswirkt. Ergebnisse sind das angestrebte Ziel einer Veränderung. Sie sind das Resultat der Aktivitäten, die zum Erreichen der Veränderung ausgeführt wurden. Ref-Glossar, 6.1

C. Falsch. Das ist ein Nutzen – eine messbare Verbesserung, die aus einem Projektergebnis resultiert und von einem oder mehreren Stakeholder(n) als Vorteil betrachtet wird. Ref-Glossar, 6.1

D. Falsch. Das ist ein negativer Nebeneffekt – eine messbare Verschlechterung aus einem Ergebnis, das von einem oder mehreren Stakeholder(n) als negativ betrachtet wird und ein oder mehrere Unternehmensziel(e) beeinträchtigt. Ref- Glossar, 6.1

Frage 20: Antwort A richtig

(1) Richtig. Die Projektsicherung muss unabhängig vom Projektmanager sein. Ref 7.2.1.10, Tab 6.1

(2) Richtig. Die Projektsicherung muss unabhängig von der Projektunterstützung sein. Ref 7.2.1.10, Tab 7.1

(3) Falsch. Die Projektsicherung ist die Verantwortlichkeit des Lenkungsausschusses. Der Benutzervertreter ist Mitglied des Lenkungsausschusses. Ref 7.2.1.3, Tab 6.1

(4) Falsch. Die Projektsicherung ist die Verantwortlichkeit des Lenkungsausschusses. Der Vorsitzende ist Mitglied des Lenkungsausschusses. Ref 7.2.1.2, Abb. 5.4 Tab 7.1

Frage 21: Antwort B richtig

A. Falsch. Das Mandat wird zur Entwicklung der Projektbeschreibung verfeinert. Das Unternehmens- oder Programmmanagement bzw. der Kunde stellen ein Projektmandat bereit, die Entwicklung einer Projektbeschreibung ist jedoch die Verantwortlichkeit des Projektmanagement-Teams. Ref 16.4.9

B. Richtig. Das Projektmandat wird vom Unternehmens- oder Programmmanagement bzw. vom Kunden bereitgestellt und sollte ausreichend Informationen zum Projekt enthalten, sodass zumindest der potenzielle Auftraggeber des Lenkungsausschusses identifiziert werden kann. Ref 14.3

C. Falsch. Die Projektleitdokumentation wird vom Projektmanagement-Team im Prozess „Initiieren eines Projekts" entwickelt. Ref 16.4.9

D. Falsch. Der Lenkungsausschuss erteilt nach zufriedenstellender Prüfung des Outputs im Prozess „Vorbereiten eines Projekts" die Befugnis zur Initiierung eines Projekts. Ref 15.4.1

Frage 22: Antwort C richtig

A. Falsch. Dies ist eine Verantwortlichkeit auf Unternehmensebene. Ref 7.1, Abb. 7.2

B. Falsch. Dies ist eine Verantwortlichkeit des Lenkungsausschusses (Ebene „Lenken") und keine des Managements (Projektmanager). Ref 7.1, Abb. 7.2

C. Richtig. Das Managen eines Projekts erfolgt durch den Projektmanager. Der Projektmanager hat sicherzustellen, dass das Projekt die geforderten Produkte entsprechend den vom Lenkungsausschuss festgelegten Toleranzwerten liefert. Ref 7.1, Abb. 7.2

D. Falsch. Dies ist die Verantwortlichkeit des Auftraggebers (Ebene „Lenken"). Ref 7.1, Abb. 7.2

Frage 23: Antwort C richtig

A. Falsch. Die Festlegung von Toleranzen ist Teil des Themas „Fortschritt". Ref 12.1

B. Falsch. Das Thema „Pläne" umfasst Pläne, in denen festgelegt wird, wie und von wem Produkte hergestellt werden, und in denen der geschätzte Zeit- und Kostenrahmen aufgeführt ist. Ref 9.1, 9.1.1

C. Richtig. Mit dem Thema „Organisation" soll die Projektstruktur der Rechenschaftspflicht und der Verantwortlichkeiten (das „Wer"?) definiert werden. Ref 7.1

D. Falsch. Für die Anwendung von „Steuern nach dem Ausnahmeprinzip" müssen Ziele und Toleranzen für die sechs Dimensionen der Projektleistung festgelegt werden. Dies ist Teil des Themas „Fortschritt". Ref 12.1

Frage 24: Antwort A richtig

A. Richtig. Der Zweck des Prozesses „Vorbereiten eines Projekts" ist die Beantwortung der Frage, ob es sich um ein durchführbares und lohnenswertes Projekt handelt. Dafür muss sichergestellt werden, dass die Voraussetzungen für die Initiierung des Projekts geschaffen worden sind. Ref 14.1

B. Falsch. Der Projektplan wird im Prozess „Initiieren eines Projekts" erstellt, nicht im Prozess „Vorbereiten eines Projekts". Ref 16.4.7

C. Falsch. Die Projektleitdokumentation wird im Prozess „Initiieren eines Projekts" erstellt, nicht im Prozess „Vorbereiten eines Projekts". Ref 16.4.9

D. Falsch. Die Qualitätserwartungen des Kunden werden im Prozess „Vorbereiten eines Projekts" erfasst und in der Projektproduktbeschreibung dokumentiert. Zu diesem Zeitpunkt handelt es sich allerdings noch um ein angestrebtes Ziel, d. h., es ist nicht bekannt, ob die Erwartungen auch erfüllt werden. Ref 14.4.4

Frage 25: Antwort B richtig

A. Falsch. Ein Risiko, das noch nicht identifiziert worden ist, kann auch nicht bewertet werden. „Bewerten" ist der zweite Schritt. Ref 10.3.2, Abb. 10.1

B. Richtig. Das Risiko muss zuerst identifiziert werden, bevor es bewertet werden kann und geeignete Maßnahmen zu seiner Behandlung geplant und implementiert werden können. Ref 10.3.2, Abb. 10.1

C. Falsch. Ein Risiko, das noch nicht identifiziert worden ist, kann auch nicht bewertet werden. Deshalb können auch keine Maßnahmen zur Behandlung geplant oder implementiert werden. „Implementieren" ist der vierte Schritt. Ref 10.3.2, Abb. 10.1

D. Falsch. Ein Risiko, das noch nicht identifiziert worden ist, kann auch nicht bewertet werden. Deshalb können auch keine Maßnahmen zur Behandlung geplant oder implementiert werden. „Planen" ist der dritte Schritt. Ref 10.3.2, Abb. 10.1

Frage 26: Antwort A richtig

A. Richtig. PRINCE2 fordert, dass drei Produkte erzeugt und gepflegt werden. Dazu gehört der Produktstrukturplan: eine hierarchische Darstellung aller Produkte, die im Rahmen eines Plans zu erstellen sind. Ref 9.2
B. Falsch. Im Issue-Register werden formell zu bearbeitende Issues erfasst und gepflegt. Es stellt keine Mindestanforderung für die Anwendung des Themas „Pläne" dar. Ref 9.2, 11.4.1
C. Falsch. Im Produktflussdiagramm werden in einem Diagramm die Reihenfolge der Produktionsschritte sowie die Abhängigkeiten der geplanten Produkte aufgezeigt. Ein Produktflussdiagramm wird empfohlen, ist aber nicht zwingend erforderlich. Ref 9.2, 9.3.1.2
D. Falsch. Das Risikoregister ist eine Aufzeichnung der identifizierten Planrisiken, mit Angabe ihres Status und der bisherigen Entwicklung. Es stellt keine Mindestanforderung für die Anwendung des Themas „Pläne" dar. Ref 9.2, 10.2

Frage 27: Antwort B richtig

A. Falsch. Es ist Zweck der Erfahrungsliste, Erfahrungen aus vorherigen Projekten zu erfassen. Ref A.14.1.
B. Richtig. Durch die Vereinbarung einer Projektbeschreibung wird eine allgemein akzeptierte und umfassend definierte Ausgangsbasis für das Projekt geschaffen. Ref A.19.1, 14.4.5
C. Falsch. Der detaillierte Business Case wird im Prozess „Initiieren eines Projekts" entwickelt; die Projektbeschreibung wird vorher im Prozess „Vorbereiten eines Projekts" erstellt. Ref 16.4.8, 14.4.5
D. Falsch. Der Qualitätsmanagement-Ansatz wird zur Bestimmung der anzuwendenden Qualitätstechniken und -standards und der verschiedenen Zuständigkeiten bezüglich der Erreichung der geforderten Qualität während des Projekts genutzt. Ref A.22.1

Frage 28: Antwort C richtig

A. Falsch. Der Risikostrukturplan ist eine Risikomanagement-Technik. Er stellt keine Mindestanforderung für die Anwendung des Themas „Risiko" dar. Ref 10.4.1.2, 10.2
B. Falsch. Möglicherweise ist es ratsam, innerhalb des Projektbudgets ausdrücklich ein Risiko-

budget zu kennzeichnen. Es ist aber keine Mindestanforderung für die Anwendung des Themas „Risiko". Ref 10.3.7, 10.2

C. Richtig. PRINCE2 erfordert das Führen eines Risikoregisters, sodass alle identifizierten Bedrohungen und Chancen erfasst werden. Ref 10.2

D. Falsch. Eine Risikocheckliste ist eine Risikomanagement-Technik. Sie stellt keine Mindestanforderung für die Anwendung des Themas „Risiko" dar. Ref 10.4.1.2, 10.2

Frage 29: Antwort B richtig

(1) Falsch. Ein Phasenplan wird für jede Managementphase benötigt, nicht für das ganze Projekt. Ref 9.2.1.2

(2) Richtig. Ein Phasenplan wird am Ende der vorigen Phase als Teil des Prozesses „Managen eines Phasenübergangs" erstellt. Er wird unmittelbar vor den geplanten Ereignissen erstellt. Ref 9.2.1.2

(3) Richtig. Ein Phasenplan ist so detailliert, dass er eine Basis für die alltägliche Steuerung durch den Projektmanager darstellt. Ref 9.2.1.2

(4) Falsch. Ein Phasenplan ist die Basis für die alltägliche Steuerung durch den Projektmanager. Der Lenkungsausschuss nutzt den Projektplan für die Kontrolle des Projektfortschritts. Ref 9.2.1.2/9.2.1.1

Frage 30: Antwort A richtig

A. Richtig. Der Risikomanagement-Ansatz beschreibt die anzuwendenden Risikomanagement-Techniken und -standards sowie die Verantwortlichkeiten für das Erreichen eines effektiven Risikomanagement-Verfahrens. Ref A.24.1

B. Falsch. Die Risikobelastung wird im Risikoprofil zusammengefasst. Dieses Verfahren wird im Risikomanagementansatz definiert. Ref A.24.2.

C. Falsch. Der Risikomanagementansatz definiert die verschiedenen Kategorien von Maßnahmen, die zur Identifikation von geeigneten Maßnahmen für jedes Risiko dienen. Sie schreibt nicht vor, welche speziellen Maßnahmen auf ein bestimmtes Risiko angewendet werden sollen. Ref A.24.2.

D. Falsch. Risikoeigentümer werden identifiziert und im Risikoregister aufgezeichnet. Ref A.25.2

Frage 31: Antwort A richtig

A. Richtig. Zweck des Prozesses „Initiieren eines Projekts" ist es, eine solide Grundlage für das Projekt zu schaffen, die der Organisation ein klares Bild davon vermittelt, was mit den geplanten Arbeiten zur Lieferung des Projektprodukts verbunden ist, bevor größere finanzielle Mittel zugesagt werden. Ref 16.1

B. Falsch. Mit dem Prozess „Managen der Produktlieferung" wird die Beziehung zwischen dem Projektmanager und dem Teammanager/den Teammanagern gesteuert und kontrolliert. Ref 18.1

C. Falsch. Der Zweck des Prozesses „Lenken eines Projekts" ist, den Lenkungsausschuss in die Lage zu versetzen, seiner Verantwortlichkeit für den Projekterfolg nachzukommen. Der Lenkungsausschuss fällt keine wichtigen Entscheidungen und steuert nicht den allgemeinen Verlauf des Projekts. Die Abwicklung des Tagesgeschäfts überlässt er dem Projektmanager. Ref 15.1

D. Falsch. Der Prozess „Managen eines Phasenübergangs" gewährleistet, dass der Lenkungsausschuss vom Projektmanager genügend Informationen erhält und so den Erfolg der aktuellen Phase beurteilen, die nächste Phase freigeben, den aktualisierten Projektplan prüfen und sich vergewissern kann, dass das Projekt weiterhin geschäftlich gerechtfertigt ist und die Risiken akzeptabel sind. Ref 19.1

Frage 32: Antwort B richtig

A. Falsch. Die möglichen Projektansätze werden im Prozess „Vorbereiten eines Projekts" beurteilt. Ref 14.2, 14.4.5

B. Richtig. Ein Ziel des Prozesses „Initiieren eines Projekts" ist, zu verstehen, wer Informationen braucht, wann und in welchem Format. Ref 16.2, 1 16.4.5

C. Falsch. Die Projektbeschreibung wird im Prozess „Vorbereiten eines Projekts" entwickelt und nicht im Prozess „Initiieren eines Projekts". Ref 14.2

D. Falsch. Im Prozess „Initiieren eines Projekts" geht es darum, Einschränkungen zu erkennen und geeignete Strategien zu ihrer Behandlung zu entwickeln, aber nicht darum, sie zu beseitigen. Ref 16.2

Frage 33: Antwort A richtig

A. Richtig. Eine Bedrohung kann negative Auswirkungen auf die Ziele des Projekts haben. Ref 10.1

B. Falsch. Ereignisse, die positive Auswirkungen auf das Erreichen der Ziele haben können, sind Chancen und keine Bedrohungen. Ref 10.1

C. Falsch. Bedrohungen sind zukünftige Ereignisse, deren Eintreten ungewiss ist; diese Ereignisse werden Issues genannt. Ref 10.1, 11.1

D. Falsch. Bedrohungen sind zukünftige Ereignisse, deren Eintreten ungewiss ist; diese Ereignisse werden Issues genannt. Ref 10.1, 11.1

Frage 34: Antwort D richtig

A. Falsch. Hierbei handelt es sich um eine Risikoauswirkung. Die Risikoauswirkung beschreibt die Konsequenzen, die sich für die Ziele des Projekts ergeben würden, falls dieses Risiko eintreten würde. Ref 10.4.1.2

B. Falsch. Hierbei handelt es sich um eine Risikoauswirkung. Das Risikoereignis beschreibt eine Unsicherheit bezogen auf eine Bedrohung oder Chance. Ref 10.4.1.2

C. Falsch. Hierbei handelt es sich um eine Risikoauswirkung. Die Risikoauswirkung beschreibt die Konsequenzen, die sich für die Ziele des Projekts ergeben würden, falls dieses Risiko eintreten würde. Ref 10.4.1.2

D. Richtig. Hierbei handelt es sich um eine Risikoursache. Sie beschreibt die Risikoquelle, d. h., das Ereignis bzw. die Situation, durch das/die das Risiko herbeigeführt wird. Hier spricht man auch von Risikotreibern. Ref 10.4.1.2

Frage 35: Antwort B richtig

A. Falsch. PRINCE2 verlangt mindestens zwei Managementphasen: eine Initiierungsphase und wenigstens eine weitere Managementphase. Ref 9.2

B. Richtig. Pro Managementphase ist mehr als ein Lieferschritt möglich. Ref 9.3.1.1

C. Falsch. Lieferschritte überschneiden sich häufig, was bei Managementphasen aber nicht der Fall ist. Managementphasen sind zeitliche Unterteilungen für die Zuweisung von Ressourcen und Mitteln. Ref 9.3.1.1

D. Falsch. Die Managementphase muss nicht unbedingt mit dem Lieferschritt enden. Ref 9.3.1.1

Frage 36: Antwort B richtig

A. Falsch. Der Lenkungsausschuss genehmigt im Prozess „Lenken eines Projekts" am Ende der Vorbereitung die Inangriffnahme der Initiierungsphase. Hierbei handelt es sich nicht um einen Phasenübergang. Ref 15.4.1

B. Richtig. Die Projektleitdokumentation zu überprüfen und gegebenenfalls zu aktualisieren

(insbesondere den Business Case, den Projektplan, den Projektlösungsansatz, die Strategien, die Struktur des Projektmanagement- Teams und die Rollenbeschreibungen) ist ein Ziel im Prozess „Managen eines Phasenübergangs". Ref 19.2
C. Falsch. Der Prozess „Managen der Produktlieferung" erlaubt die kontrollierte Trennung der Arbeit des Projektmanagers von den Teams, die die Produkte liefern. Ref 18.1
D. Falsch. Produkte werden im Prozess „Managen der Produktlieferung" bei Fertigstellung bewertet und abgenommen. Diese Qualitätsprüfungen werden nicht bis zum Ende der Phase aufgeschoben. Ref 18.4.2

Frage 37: Antwort B richtig

A. Falsch. Dies ist der erste Schritt im Planungsverfahren und für die Planung notwendig. Er ist nicht Bestandteil von „Definieren und Analysieren der Produkte". Ref 9.3.1.2
B. Richtig. Dies ist eine Aufgabe von „Definieren und Analysieren der Produkte". Ref 9.3.1.2
C. Falsch. Dies ist ein Schritt im Planungsverfahren und nicht Teil von „Definieren und Analysieren der Produkte". Ref 9.3.1.2
D. Falsch. Dies ist ein Schritt im Planungsverfahren und nicht Teil von „Definieren und Analysieren der Produkte". Ref 9.3.1.2

Frage 38: Antwort C richtig

A. Falsch. Projektstatusberichte werden im Prozess „Steuern einer Phase" erstellt. Ref 17.4.5, 17.3, 17.1
B. Falsch. Der Projektmanager kann Korrekturmaßnahmen vornehmen, wenn diese nicht eine der Phasentoleranzen überschreiten oder sofern die Befugnis vom Lenkungsausschuss erteilt wurde. Jedoch erfolgt dies im Prozess „Steuern einer Phase". Ref 17.3, Abb. 17.1
C. Richtig. Als Reaktion auf einen Ausnahmebericht kann der Lenkungsausschuss verlangen, die aktuelle Phase (und eventuell das Projekt) neu zu planen. Der Output einer Neuplanung ist ein Ausnahmeplan, der im Prozess „Managen eines Phasenübergangs" erstellt wird. Ref 19.3, Abb. 19.1, 19.4.5, 9.2.1.3
D. Falsch. Phasenpläne werden vom Lenkungsausschuss im Prozess „Lenken eines Projekts" freigegeben. Ref 15.4.3

Frage 39: Antwort A richtig

A. Richtig. Der Prozess „Initiieren eines Projekts" gibt dem Lenkungsausschuss die Möglichkeit zu entscheiden, ob das Projekt auf die Ziele des Kunden abgestimmt ist. Ref 16.3

B. Falsch. Der Prozess „Lenken eines Projekts", nicht der Prozess „Initiieren eines Projekts", gibt dem Lenkungsausschuss die Befugnis, ein Projekt freizugeben. Ref 15.3

C. Falsch. Der Prozess „Steuern einer Phase", nicht der Prozess „Initiieren eines Projekts", gibt dem Projektmanager die Befugnis, die zu leistende Arbeit der Teams freizugeben. Ref 17.3

D. Falsch. Im Prozess „Steuern einer Phase", nicht im Prozess „Initiieren eines Projekts", werden die für Lieferanten geltenden Pflichten in Bezug auf die Lieferung des Arbeitspakets definiert. Ref 17.3

Frage 40: Antwort C richtig

A. Falsch. Mithilfe des Themas „Änderungen" sollten potenzielle und genehmigte Änderungen an der Baseline des Produkts identifiziert, bewertet und kontrolliert werden. Ref 11.1

B. Falsch. Ziel des Themas „Pläne" ist es, die Kommunikation und Steuerung zu erleichtern, indem die Wege zur Lieferung der Produkte definiert werden. Ref 9.1

C. Richtig. Ein Ziel des Themas „Fortschritt" ist es, Mechanismen für die Überwachung des Fortschritts im Vergleich zu den zulässigen Toleranzen zu bieten, sowie Steuerungselemente, damit der nächsthöheren Managementebene eine vorhersehbare Überschreitung der Toleranzen gemeldet werden kann. Ref 12.1

D. Falsch. Ziel des Themas „Risiken" ist es, Unsicherheiten zu identifizieren, zu bewerten und zu steuern. Ref 10.1

Frage 41: Antwort D richtig

A. Falsch. Abgeschlossene Arbeitspakete werden im Prozess „Steuern einer Phase" entgegengenommen. Ref 17.4

B. Falsch. Ziel des Prozesses „Steuern einer Phase" ist, sicherzustellen, dass der Business Case wiederholt geprüft wird. Der Business Case wird nicht im Prozess „Managen der Produktlieferung" überprüft. Ref 17.2, 18.2

C. Falsch. Der Fortschritt wird dem Lenkungsausschuss durch den Projektmanager im Prozess „Steuern einer Phase" mittels Projektstatusberichten mitgeteilt. Der Teammanager berichtet dem Projektmanager durch Teamstatusberichte während des Prozesses „Managen der Produktlieferung". Ref 17.4, 18.2

D. Richtig. Ziel des Prozesses „Managen der Produktlieferung" ist es, sicherzustellen, dass die Arbeiten, die Teams zugeteilt werden, vereinbart und genehmigt sind. Ref 18.2

Frage 42: Antwort D richtig
A. Falsch. Teampläne werden vom Teammanager nicht im Prozess „Initiieren eines Projekts" erstellt. Ref 18.3
B. Falsch. Teampläne werden vom Teammanager nicht im Prozess „Steuern einer Phase" erstellt. Ref 18.3
C. Falsch. Teampläne werden vom Teammanager nicht im Prozess „Managen eines Phasenübergangs" erstellt. Ref 18.3
D. Richtig. Teampläne werden vom Teammanager im Prozess „Managen der Produktlieferung" erstellt. Ref 18.3

Frage 43: Antwort C richtig
A. Falsch. Das Ende einer Phase ist kein zeitgesteuertes (regelmäßig wiederkehrendes) Steuerungsmittel. Es findet beispielsweise nicht wöchentlich oder monatlich statt. Ref 12.2.2
B. Falsch. Ausnahmesituationen sind keine zeitgesteuerten (regelmäßig wiederkehrenden) Steuerungsmittel. Man kann sie nicht einplanen. Ref 12.2.2
C. Richtig. Zeitbezogene Steuerungsmittel kommen in vorgegebenen, regelmäßigen zeitlichen Abständen zum Einsatz. Häufigkeit und Format der Teamstatusberichte werden im Arbeitspaket vereinbart. Ref 12.2.2
D. Falsch. Erfahrungsberichte werden gewöhnlich am Ende einer Phase und am Ende des Projekts erstellt. Sie sind keine zeitgesteuerten (regelmäßig wiederkehrenden) Steuerungsmittel, da sie nicht monatlich oder wöchentlich erstellt werden. Ref 12.2.2, 12.2.2.3

Frage 44: Antwort B richtig
A. Falsch. Der Lenkungsausschuss ist verantwortlich für die Abnahme von Ressourcen in einer Phase. Ref Tab. 7.1
B. Richtig. Der Lenkungsausschuss sollte dem Unternehmens- bzw. Programmmanagement oder Kunden melden, wenn auf Projektebene die Toleranzen voraussichtlich überschritten werden, da diese Toleranzen vom Unternehmens- bzw. Programmmanagement oder Kunden festgelegt werden. Ref 12.2.1
C. Falsch. Der Auftraggeber ist verantwortlich für den Wechsel des Benutzervertreters oder Lieferanten. Hierfür ist keine Abnahme auf höherer Ebene erforderlich. Ref-Tab 7.1
D. Falsch. Die Abnahme eines Änderungsantrags erfolgt normalerweise durch den Lenkungsausschuss oder die Änderungsinstanz. Der Antrag muss nur beim Überschreiten der Projekt-

toleranzen dem Unternehmens- bzw. Programmmanagement oder Kunden vorgelegt werden. Ref 11.2, Tab 11.2

Frage 45: Antwort C richtig

A. Falsch. Im Prozess „Vorbereiten eines Projekts" werden die Voraussetzungen für die Freigabe der Initiierungsphase geschaffen. Der Antrag auf Initiierung des Projekts erfolgt während des Prozesses „Vorbereiten eines Projekts". Ref 14.1

B. Falsch. Im Prozess „Initiieren eines Projekts" wird die dem Lenkungsausschuss für die Projektfreigabe vorzulegende Dokumentation zusammengestellt; die eigentliche Freigabe erfolgt allerdings im Prozess „Lenken eines Projekts". Ref 16.3

C. Richtig. Nur der Lenkungsausschuss kann die Projektinitiierung freigeben. Die damit verbunden Aktivitäten sind Gegenstand des Prozesses „Lenken eines Projekts". Ref 15.3

D. Falsch. Im Prozess „Managen eines Phasenübergangs" wird das Material zusammengestellt, das dem Lenkungsausschuss mit dem Antrag auf Freigabe der nächsten Phase vorgelegt wird. Ref 19.1

Frage 46: Antwort B richtig

A. Falsch. Das Grundprinzip „Fortlaufende geschäftliche Rechtfertigung" findet Anwendung durch regelmäßige geplante Überprüfungen des Business Case während der gesamten Laufzeit des Projekts, sodass überprüft werden kann, ob sich das Projekt noch lohnt. Ref 3.1

B. Richtig. Das Grundprinzip der „Produktorientierung" findet Anwendung bei der Erstellung einer Projektproduktbeschreibung, in der Projektprodukt, Qualitätserwartungen des Kunden und Projektabnahmekriterien klar definiert sind. Ref 3.6/A.21.1

C. Falsch. Das Grundprinzip „Lernen aus Erfahrung" wird angewandt, um sicherzustellen, dass Projektteams aus vorherigen Erfahrungen lernen: Während der gesamten Laufzeit eines Projekts werden Erfahrungswerte gesammelt, aufgezeichnet und umgesetzt. Ref 3.2

D. Falsch. Das Grundprinzip „Steuern über Managementphasen" ermöglicht es, den Umfang der Kontrollmöglichkeiten der Geschäftsführung während eines Projekts je nach Unternehmensprioritäten, Risiken und Komplexität anzupassen. Ref 3.4

Frage 47: Antwort C richtig

A. Falsch. Das ist ein Zweck des Business Case. Ref A.2.1

B. Falsch. Das ist der Zweck des Phasenabschlussberichts. Ref A. 9.1

C. Richtig. Der Nutzenmanagement-Ansatz zeigt, wie Nutzen bewertet werden. Ref 6.2.2, A.1.1

D. Falsch. Die Gründe für das Projekt werden vom Projektmandat abgeleitet und im Entwurf des Business Case im Prozess „Vorbereitung eines Projekts" dokumentiert. Ref 14.4.4

Frage 48: Antwort C richtig

A. Falsch. Dieses Ereignis ist bereits eingetreten. Es besteht keine Unsicherheit mehr darüber, daher besteht für dessen Eintreten kein Risiko mehr. Ref 10.1, A.25.1
B. Falsch. Dies kann als Issue (Spezifikationsabweichung) gemeldet und formal behandelt werden, wenn z. B. ein Nichtbestehen zu einer Ausnahmesituation führt. Das Produkt, das immer mit den Ergebnissen von Qualitätsaktivitäten aktualisiert werden soll, ist das Qualitätsregister. Ref 8.2, A.23.1
C. Richtig. Im Qualitätsregister werden die Ergebnisse aller Qualitätsmanagementaktivitäten aufgezeichnet. Ref 8.2, A.23.1
D. Falsch. Erfahrungen können gesammelt werden, aber das ist nicht immer der Fall. Das Produkt, das immer mit den Ergebnissen von Qualitätsaktivitäten aktualisiert werden sollte, ist das Qualitätsregister. Ref 8.2, 12.2.2.3, A14.1, A.23.1

Frage 49: Antwort A richtig

A. Richtig. Die Baseline eines Produkts sollte vor Beginn der Arbeit in der Produktbeschreibung festgelegt werden. Daher ist dies ein Änderungsantrag für ein Produkt mit Baseline. Ref-Tab 11.1
B. Falsch. Eine Spezifikationsabweichung ist eine im Rahmen des Projekts zu erfüllende Forderung, die derzeit nicht (bzw. voraussichtlich nicht) erfüllt wird. Hierbei kann es sich um ein fehlendes Produkt oder ein Produkt handeln, das die Spezifikationen nicht einhält. Ref-Tab 11.1
C. Falsch. Bestimmter Typ eines Issues (kein Änderungsantrag oder keine Spezifikationsabweichung), dessen Lösung oder Eskalation Aufgabe des Projektmanagers ist. Ref-Tab 11.1
D. Falsch. Bestimmter Typ eines Issues (kein Änderungsantrag oder keine Spezifikationsabweichung), dessen Lösung oder Eskalation Aufgabe des Projektmanagers ist. Ref-Tab 11.1

Frage 50: Antwort D richtig

A. Falsch. Teampläne werden vom Teammanager nicht im Prozess „Initiieren eines Projekts" erstellt. Ref 18.3
B. Falsch. Teampläne werden vom Teammanager nicht im Prozess „Steuern einer Phase" erstellt. Ref 18.3
C. Falsch. Teampläne werden vom Teammanager nicht im Prozess „Managen eines Phasenübergangs" erstellt. Ref 18.3

D. Richtig. Teampläne werden vom Teammanager im Prozess „Managen der Produktlieferung" erstellt. Ref 18.3

Frage 51: Antwort C richtig

A. Falsch. Wenn für ein Projekt zahlreiche und häufige Änderungen erwartet werden, sollte ein Budget für die Finanzierung dieser Änderungen zur Verfügung gestellt werden. Das ist aber keine Mindestanforderung für die Anwendung des Themas „Änderungen". Ref 11.2, 11.3.6

B. Falsch. Bei Prüfung des Managementphasenstatus kann eine Produktstatusauskunft angefordert werden. Dies ist aber keine Mindestanforderung für die Anwendung des Themas „Änderungen". Ref 17.4.4, 11.2

C. Richtig. Damit ein Projekt als PRINCE2-Projekt gilt, müssen als Mindestanforderung die Rollen und Verantwortlichkeiten für die Änderungssteuerung definiert werden, einschließlich einer festgelegten Änderungsinstanz. Ref 11.2

D. Falsch. Für das Festlegen von akzeptablen Korrekturmaßnahmen gibt es keine Mindestanforderung. Ref 11.2

Frage 52: Antwort A richtig

A. Richtig. Damit ein Projekt als PRINCE2-Projekt gilt, muss es mindestens in Phasen gemanagt werden (PRINCE2-Grundprinzip „Steuern über Managementphasen"). Ref 12.2

B. Falsch. Für die Anwendung des Themas „Fortschritt" gelten keine Mindestanforderungen hinsichtlich spezifizierter Berichte. Ref 12.2

C. Falsch. Für die Anwendung des Themas „Fortschritt" gelten keine Mindestanforderungen für die Befugnis in Bezug auf Arbeitspakete. Ref 12.2

D. Falsch. Für die Anwendung des Themas „Fortschritt" gelten keine Mindestanforderungen hinsichtlich spezifizierter Berichte. Ref 12.2

Frage 53: Antwort C richtig

A. Falsch. Die Definition anzuwendender spezieller Qualitätswerkzeuge und - techniken ist keine Mindestanforderung für die Anwendung des Themas „Qualität", allerdings muss der allgemeine Ansatz zur Qualitätssteuerung festgelegt sein. Ref 8.2

B. Falsch. Der Projektlösungsansatz hinsichtlich der Qualitätsplanung muss nicht als Mindestanforderung für die Anwendung des Themas „Qualität" definiert sein, allerdings muss der allgemeine Ansatz zur Qualitätssteuerung festgelegt sein. Ref 8.2

C. Richtig. Damit ein Projekt als PRINCE2-Projekt gilt, muss als Mindestanforderung der Qualitätsmanagement-Ansatz definiert sein. Dieser Ansatz muss mindestens Folgendes abdecken: den Projektansatz hinsichtlich der Qualitätssteuerung, den Projektansatz hinsichtlich der Projektsicherung, die Kommunikation des Qualitätsmanagements während des gesamten Projektlebenszyklus sowie Rollen und Verantwortlichkeiten für das Qualitätsmanagement. Ref 8.2

D. Falsch. Die Art der Qualitätsdokumentation muss nicht als Mindestanforderung für die Anwendung des Themas „Qualität" definiert sein. Dennoch müssen definiert werden: der Ansatz für die Qualitätssteuerung, wie Qualität kommuniziert wird sowie die Rollen und Verantwortlichkeiten hinsichtlich des Qualitätsmanagements. Ref 8.2

Frage 54: Antwort B richtig

A. Falsch. Ein Zweck des Prozesses „Vorbereiten eines Projekts" ist es, Informationen bereitzustellen, damit entschieden werden kann, ob die Initiierung eines Projekts lohnenswert ist. Ref 14.1

B. Richtig. Ein Zweck des Prozesses „Lenken eines Projekts" ist es, das Kontrollniveau festzulegen, das der Lenkungsausschuss nach der Projektinitiierung benötigt. Ref 15.1

C. Falsch. Die Steuerungsmittel werden im Prozess „Initiieren eines Projekts" eingerichtet. Ref 16.4.6

D. Falsch. Ein Zweck des Prozesses „Managen eines Phasenübergangs" ist es, genügend Informationen zu liefern, damit der Erfolg der aktuellen Phase beurteilt und die nächste Phase freigegeben werden kann. Ref 19.1

Frage 55: Antwort B richtig

A. Falsch. Das Unternehmens- bzw. Programmmanagement oder der Kunde legt die Gesamtanforderungen und Toleranzgrenzen für das Projekt fest, ist aber nicht direkt in das Management involviert. Der Lenkungsausschuss verifiziert formal die geschäftliche Rechtfertigung bei einem Phasenübergang und informiert das Unternehmens- bzw. Programmmanagement oder den Kunden nur, wenn das Projekt nicht mehr gerechtfertigt ist. Ref 7.2/12.2.4

B. Richtig. In PRINCE2 wird die geschäftliche Rechtfertigung zu Beginn eines Projekts erstellt und während der Laufzeit des Projekts überprüft und aktualisiert. Diese wird vom Lenkungsausschuss an jedem wichtigen Entscheidungspunkt, etwa bei Phasenübergängen, formell verifiziert und durch den bereits in diesem Zeitraum erzielten Nutzen bestätigt. Ref 6.2

C. Falsch. Die Projektunterstützung informiert über Ereignisse, die Einfluss auf den Business Case haben können, aber verifiziert diese beim Phasenübergang nicht. Ref-Tab 6.1

D. Falsch. Der Lenkungsausschuss kann Befugnisse zur Entscheidung über Änderungsanträge oder Spezifikationsabweichungen an eine Einzelperson oder Gruppe, die sogenannte Änderungsinstanz, delegieren. Er kann die Verantwortlichkeit hinsichtlich der geschäftlichen Rechtfertigung bei einem Phasenübergang delegieren. Ref 7.2.1.6/6.2

Frage 56: Antwort B richtig

A. Falsch. Veränderung wird nicht verhindert, sie wird kontrolliert. Ref 11.1

B. Richtig. Ziel der Änderungssteuerung ist nicht, Änderungen zu verhindern, sondern sicherzustellen, dass jede Änderung von der zuständigen Ebene vor der Umsetzung genehmigt wird. Ref 11.1

C. Falsch. Es ist ein Zweck des Themas „Risiko", Unsicherheiten zu identifizieren, zu bewerten und zu steuern und dadurch die Erfolgschancen des Projekts zu erhöhen. Ref 11.1, 10.1, 10.4.1.2

D. Falsch. Es ist ein Zweck des Themas „Qualität", während der Projektlaufzeit kontinuierlich Verbesserungen aus gewonnenen Erfahrungen zu implementieren. Ref 8.2

Frage 57: Antwort C richtig

A. Falsch. Die Qualitätssicherung kann die vom Unternehmen verwendeten Arten von Qualitätsprüfmethoden als Teil des Qualitätsmanagement-Systems definieren, aber die Qualitätssicherung ist unabhängig vom Projekt. Eine Projektverantwortlichkeit als Teil der Qualitätsplanung ist, die Arten von Qualitätsprüfmethoden, die im Projekt eingesetzt werden, zu definieren und diese in den Qualitätsmanagement-Ansatz mit einzubeziehen (auch wenn sich dies auf das Qualitätsmanagement-System des Unternehmens bezieht). Ref 8.3.5, 8.1.1

B. Falsch. Die Qualitätsplanung, nicht die Qualitätssteuerung, definiert die Arten von Qualitätsprüfmethoden, die im Projekt eingesetzt werden. Diese Informationen werden im Qualitätsmanagement-Ansatz beschrieben. Ref 8.1.1

C. Richtig. Eine Projektverantwortlichkeit als Teil der Qualitätsplanung ist, die Arten von Qualitätsprüfmethoden, die im Projekt eingesetzt werden, zu definieren und diese in den Qualitätsmanagement-Ansatz mit einzubeziehen (auch wenn sich dies auf das Qualitätsmanagement-System des Unternehmens bezieht). Ref 8.1.1

D. Falsch. Die Qualitätsplanung definiert die Arten von Qualitätsprüfmethoden, die im Projekt eingesetzt werden. Diese Informationen werden im Qualitätsmanagement-Ansatz beschrieben. Qualitätstoleranzen werden als Bestandteil der Qualitätsplanung definiert. Ref 8.1.1

9 Bonus Prüfungsmaterial

Frage 58: Antwort A richtig

A. Richtig. Das Thema „Qualität" definiert den PRINCE2 Ansatz, mit dem sichergestellt ist, dass die Projektprodukte die geschäftlichen Erwartungen erfüllen. Ref 8.1

B. Falsch. Dies ist Gegenstand des Themas „Fortschritt". Mithilfe des Themas „Änderungen" sollten potenzielle und genehmigte Änderungen an der Baseline des Projekts identifiziert, bewertet und kontrolliert werden. Ref 11.1

C. Falsch. Dies ist Gegenstand des Themas „Business Case". Zweck des Themas „Business Case" ist die Einrichtung geeigneter Mechanismen für die Beurteilung, ob ein Projekt wünschenswert, realisierbar und erreichbar ist (und bleibt). Ref 6.1

D. Falsch. Dies ist ein Zweck des Themas „Fortschritt". Der Zweck des Themas „Fortschritt" ist es, Mechanismen einzurichten, mit denen die tatsächlich erbrachten Leistungen überwacht und mit den Planzielen verglichen werden können und mit denen sich Prognosen für die Projektziele und die weitere Tragfähigkeit des Projekts erstellen und inakzeptable Abweichungen steuern lassen. Ref 12.1

Frage 59: Antwort B richtig

A. Falsch. Der Prozess „Abschließen eines Projekts" findet in der letzten Projektphase statt. Im Prozess „Managen eines Phasenübergangs" erfolgt die Mitteilung an den Lenkungsausschuss über den Beginn der letzten (oder jeder anderen) Phase. Ref 19.4

B. Richtig. Der Zweck des Prozesses „Abschließen eines Projekts" ist, einen Punkt zu definieren, an dem die Abnahme des Projektprodukts bestätigt wird. Ref 20.1

C. Falsch. Der Prozess „Managen eines Phasenübergangs" hat unter anderem den Zweck, dem Lenkungsausschuss genügend Informationen zu liefern, damit dieser die fortlaufende geschäftliche Rechtfertigung des Projekts bestätigen kann. Ref 19.1

D. Falsch. Das Verfahren für die Übergabe der Projektprodukte wird im Prozess „Initiieren eines Projekts" als Teil der Definition des Änderungssteuerungsansatzes festgelegt. Ref 11.2, A.3, 20.4.3

Frage 60: Antwort A richtig

A. Richtig. Ein Zweck des Prozesses „Abschließen eines Projekts" ist es, die Benutzerabnahme des Projektprodukts zu verifizieren. Ref 20.2

B. Falsch. Der Prozess „Abschließen eines Projekts" findet während der letzten Projektphase statt, die wie jede andere Phase – mit Ausnahme der Initiierungsphase – im Prozess „Managen eines Phasenübergangs" vorbereitet wird. Ref 20.3

C. Falsch. Die Qualitätserwartungen des Kunden werden frühzeitig beim Vorbereiten eines Projekts definiert und vereinbart. Die Erwartungen werden in Gesprächen mit dem Kunden (Unternehmen und Benutzer) zusammengestellt und dann für die Einbindung in die Projektproduktbeschreibung optimiert. Ref 14.4.4

D. Falsch. Es ist wahrscheinlich, dass nicht alle Nutzen vor Abschluss des Projekts erzielt werden. Ein Teil des Nutzens wird erst nach dem Projekt im Rahmen einer Nutzenrevision gemessen werden können. Ref 20.4.3

Index

Arbeitspakete 43

Arbeitsverteilung 43

Auftraggeber 66

Ausnahme 89

Ausnahmeplan 103

Bedrohung 125

Benutzervertreter 67

Bottom-Up-Prinzip 117

Budget 35

Budgetverantwortung 135

Business Case 75

Business-Case-Entwurf 58

Chance 125

Dokumentenstruktur 48

Führungsphilosophie 33

Gegenstromverfahren 118

Initiierungsphasenplan 103

Kommunikation 71

Kompetenzen 62

Konfiguarationsmanagement 40

Konflikte 71

Lenkungsausschuss 66, 89

Lernrate 25

Lessons Learned Meetings 31

Lieferantenvertreter 67

Linienorganisation 19

Management by Exception 34

Micromanagement 32

Mikromanagement 26

Mitarbeitermanagement 70

Organisation 62

Organisationstruktur 62

Phasenplan 97, 103

Pläne 100

Planung 39

Projektende 81

Index

Projektfortschritt 40

Projektinteressen 63

Projektinvestition 74

Projektleitdokumentation 98

Projektmanagement-Tools 95

Projektmanager 69

Projektplan 96, 102

Projektsicherung 67

Projektumgebung 36

Projektunterstützung 170

Prozesse 42

Qualität 23, 39

Qualitätskontrollpfad 152

Qualitätsverantwortlichkeiten 93

Reportingstrukturen 27

Return on Investment 24

Risiko 20, 40, 125

Risikobereitschaft 131

Risikomanagement 127

Risikoregister 129

Risikostrategie 24

Rollen 62

Scope 24

Softwareentwicklung, 40

Soll-Ist-Vergleich 109

Spezialistenprodukt 46, 154

Staffing 70

StartUp-Finanzierung 137

Teammanager 117

Teamplan 104

Toleranzen 113

Top-Down-Prinzip 117

Überwachung 26

Verantwortlichkeiten 32, 62

Verhandlung 35

Vorbereiten eines Projekts 60

Workaround-Lösung 121

Zeitmanagement 70